# 大地中国

韩茂莉 著

文汇出版社

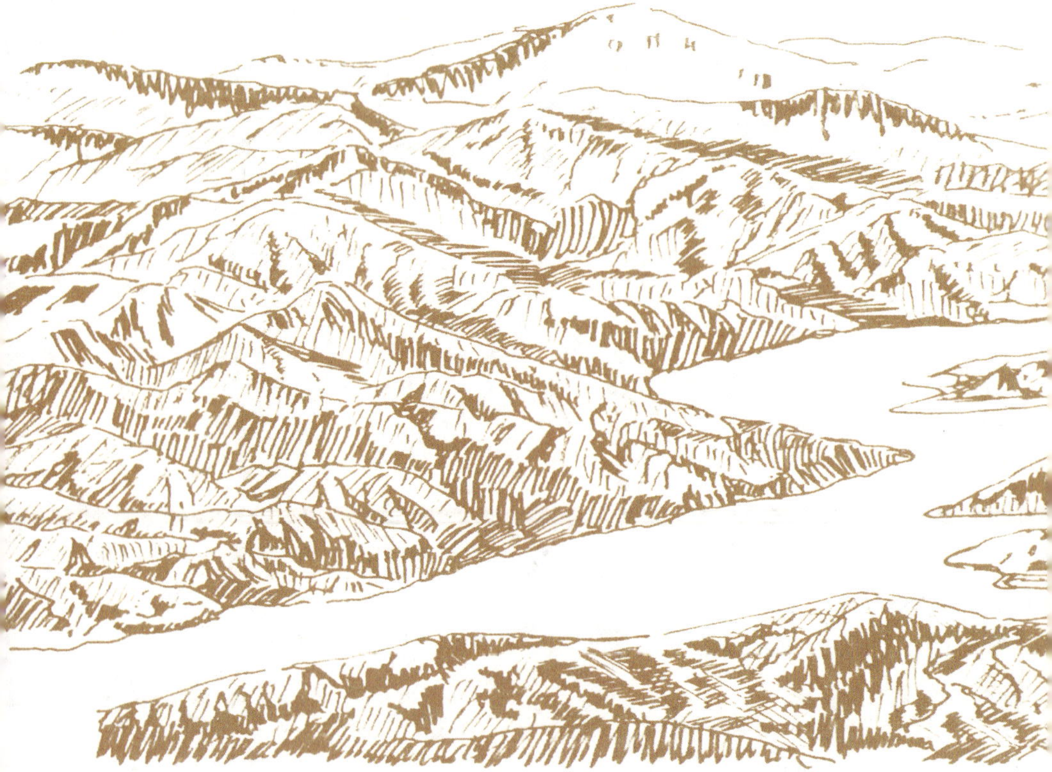

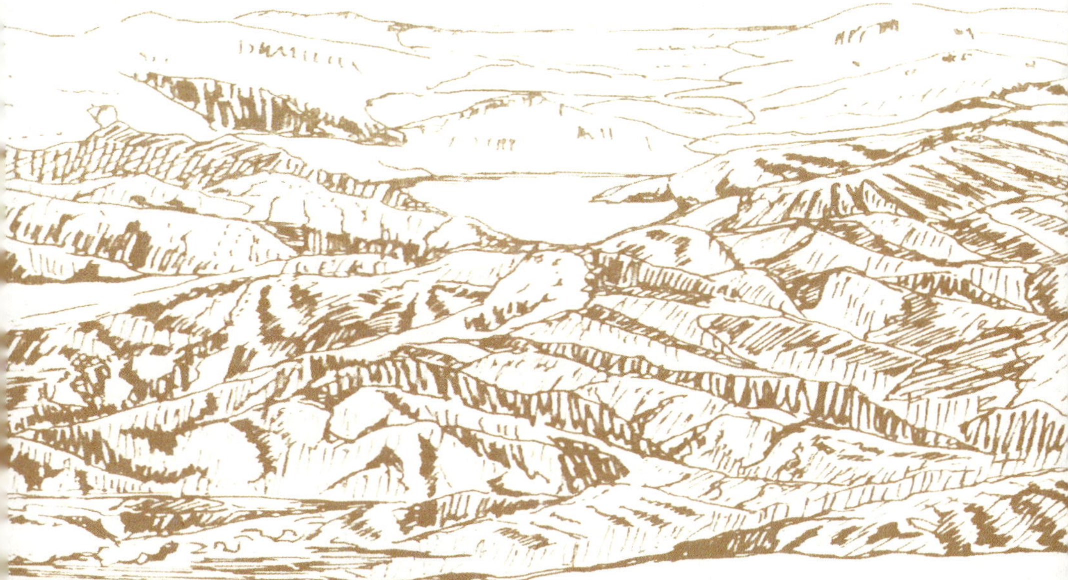

新经典文化股份有限公司
www.readinglife.com
出 品

# 目　录

前言 　　001

【新石器时代】
一万年前的世界与中国 　　005
第一次浪潮与中国 　　014

【周】
何以中国 　　032

【春秋战国】
从"三河为天下之中"到"陶，天下之中" 　　042
都江堰与天府宝地 　　050
往日山东、山西与今日山东、山西 　　058

【秦】

何谓东西 065

秦统一的地理基础——关中 073

【汉】

河西走廊：东西部的咽喉 085

【三国两晋南北朝】

从云梦泽变迁看曹操败走华容道 096

川陕交通与诸葛亮的北伐路线 105

天下"王气"最重的地方——武川 114

【隋】

汴水东流无限春，隋家宫阙已成尘——隋炀帝与大运河 122

【唐】

苏湖熟，天下足——中国古代经济重心南移　　132

《西厢记》与汉传佛教寺院布局　　141

【宋】

岭南的瘴气与珠玑巷移民　　153

【元】

游牧时光：草原游牧方式　　161

呼伦贝尔草原的传奇　　171

【明】

六百年前美洲大陆的舶来品　　179

绍兴师爷与那一方水土　　188

## 【清】

倒泻银河事有无，掀天浊浪只须臾

　　——历史时期黄河下游的重大改道　　194

十里八村的盛会——赶集　　208

英雄城——江孜　　216

## 【近现代】

守江必守淮　　223

四合院——东西南北的"家"　　231

北京四合院与四合院文化　　248

后记　　277

# 前言

  大地上有什么,除了我们平日观望的风景,还布满了人类的足迹,从往古到今天,走过了漫长的历史。

  回顾人类印在大地上的那些足迹,几乎涵括了历史中的所有场景。大地是我们的立足之地,也为我们提供了衣食之源。其实人类所有的活动都没有离开过大地,从每一项具体的生产活动到抽象的哲学思考,即使今天我们已经走向太空,但最终服务的仍是脚下的大地。正是如此,以大地为落点,我们看到的不仅有谋求衣食之需的生产行为,推动社会进步的技术创造,还有交融在历史天空之下的政治、军事。大地上的故事就发生在我们周围,每一段过往印在大地上,形成一道道色彩斑块,许许多多的斑块构成了大地万花筒。

  中国是一个文明古国,置身其中的我们,也许面对浩瀚的历史文献、考古发掘的各类器物不觉稀奇,因为那是从儿时即已感知,并伴随我们一生的国家文化底蕴,听多了,看多了,就会觉得天经地义,本该如此。岂不知世界上只有四个文明古国,能够将自己国家的文明追溯至一万年前的并不是所有的国家。正是如此,言必称希腊成为很多西方人的习惯，那也许是希图在文化的光环下获得一些历史的慰藉。历史不能再造，过去没有的就意味着永远不会有；未来却是可创造的，谁也无法预知未来谁将成为世界的主角。面对中国的过往，我们再次摇动大地万花筒，在历史的积淀中提取几种颜色。

在大地万花筒的多元色彩中，我选择了历史地理，并将二十六个专题汇集在《大地中国》中。侯仁之先生告诉我们，历史地理是"昨天、前天的地理"，今天大地上所有的一切都存在"过去时"，无论山川湖泊，还是城市乡村，都在时光的流程中从过去走向现在。

地理学成为一个独立的学科并不是从来如此，但毫无疑问的是，纳入地理学的知识是最古老的。两百多万年前，人类的远祖立足在大地上，他们寻找食物，选择住所……在所有一切维系生存的活动中，首先获得的是地理知识，山在哪儿，水在哪儿。就这样，人们踏出一条条道路，有了原始聚落，有了农业，大地上原本就有的山川湖泊间，又添加了许多属于人类创造的聚落、农田，于是古代地理学就在埃及人、两河流域的古巴比伦人、希腊人、中国人、印度人、波斯人，以及阿拉伯人手中成为体系，此后经历地理大发现、工业革命，19世纪，近代地理学终以科学的姿态立于学术之林。

大地上的一切通常归为地理学的研究范畴，而地理学又分为自然地理与人文地理两大分支，无论学科如何划分，其实真正研究的内容大凡是这样几类地理问题：第一，大地上原本就有的，如山地、河流、湖泊、沙漠、冰川等；第二，由人类创造的地理景观，城市、聚落、道路、工矿、农田等；第三类，在人类对于山川地貌应用中产生的地理，落在大地上却并无清楚的标识，政治、军事地理均具有这样的特征；第四，通过人类自身行为而构成的地理现象，最为典型的是社会地理、文化地理。无论哪一类地理问题，均具有无形或有形的空间，它们的形成、发展与变化规律，无疑是大地上最值得关注的现象。

历史地理将地理学的研究拉向过去，这门带着时间与空间双重属性的学科将历史的每一个瞬间落在大地上。收入《大地中国》中的二十六个专题，涉及历史地理各个领域，用不同的视角讲述着大地上的故事。

# 一万年前的世界与中国

一万年前，那是一个遥远的时代，以寻常人生而论，其间不知经历了多少生离死别、悲欢聚合，但从更大的场景着眼，相对于四十六亿年的地球历史、两百多万年的人类演化进程，一万年只是短暂的一刻，而就在这一刻，农业出现了，从此改变了世界，也改变了人类。

古人类学提供的成果告诉我们，至少二三百万年以前，人类已经站立在大地上了。然而，那时不仅没有农业，也没有人类主动从事的任何生产活动，人类获取食物的方式与动物十分相近，大地上有什么，就取来吃什么，这就是考古学提到的采集、猎获。通过这两种途径，聚落周围野生的果实和草籽、河里的鱼、草丛中的动物，都成为人类的食物。战国时期，韩非子《五蠹》一文中的"古者丈夫不耕，草木之实足食也；妇人不织，禽兽之皮足衣也"，讲的大凡就是依托渔猎采集的生活场景。若以人类手中的工具而论，这个时代属于旧石器时代。旧石器时代的人类住在山洞里或树上，采集植物果实、根茎的同时，也集体猎获野兽、捕捞河湖中的鱼蚌。至旧石器时代中晚期，人们已经学会了摩擦取火，并发明了弓箭。有了火，人类便摆脱了茹毛饮血的生活，逐渐走出野蛮状态。

几百万年，无疑是一个漫长的阶段，人类在发展，地球也在变化。地球的变化不仅导致气候发生冷暖干湿的波动，也带动了人的体质与获取食物方式的改变。大量考古成果证明，农业大约在距今一万年前出现了，这也正是新石器时代的开端。农业的出现不但使人类不再单纯依靠大自然的恩赐存活，而且推动了人类社会迈进文明的门槛。

也许，一万年前最早将种子埋在土地中并看到这粒种子带来的收获，继而在下一年重复此前过程的先民，并没有意识到这一切为后世带来了什么，但是这不经意的举动为人类铺垫了后世的历史。也正是由于农业具有重要意义，因而当代人始终在探讨究竟是什么原因推动了农业起源。

20世纪50年代，英国学者戈登·柴尔德（Gordon Childe）提出"新石器革命"的论断之后，农业起源成为各国考古学界纳入讨论的重要命题，其中具有影响的观点提出者均来自西方。他们在解读农业起源的原因之前，首先提出采集、渔猎属于利用型经济，农业则为生产型经济，并且强调从利用型经济到生产型经济完全出于迫不得已，其中最关键之处在于，农业需要人类付出比采集、狩猎高得多的劳动代价，而收获的谷类却属于仅含有碳水化合物的低档食品。相对地，利用型经济时期猎获的大型动物则为高蛋白、高能量的高档食品。显然，这样的转变具有从高回报、低付出到低回报、高付出的特点，直白地说，真的有点不合算。固然，远古时代还没有后世投入产出比之类的概念，但出了多少力，获得了什么样的回报，古人是清楚的。那么，人类为什么做出这样的选择，且将这一选择稳定地持续下去呢？几乎所有的讨论都将答案落在"资源"这一我们并不陌生的概念上。要放弃劳动代价较小的利用型经济，转向劳动代价较高的生产型经济，没有外界压力导致自然资源失去直接索取的保证，这样的转化不可能完成。

那么，外界压力又是什么？如果说利用型经济与生产型经济的界定获得了学术界的共识，那么以下问题则引发了热烈的讨论。

人口压力说认为，处于石器时代的人们通过不断迁徙解决食物不足，那情景就如同游牧者的转场，今年在一地采集野生果实，来年又转向另一地，年复一年在流动中获取食物。但是随着人口数量增加，没有更多的土地与资源满足迁移需要的时候，人们便被迫定居下来，通过收获自己种植的庄稼养活自己。当然，主动性的生产活动不仅推动了技术与工具的发明，占用的土地也减少了很多。西方学者贝廷杰（Bettinger R. L.）的计算表明[1]，以采集、猎获的方式为生，每平方公里可以养活 0.001~0.05 人。按照这一计算，五口之家至少需要 100 平方公里的资源。而农业社会就不同了，那些年我们常用"三十亩地，一头牛"形容中国小农的基本温饱需求，就用这个数来推算一下，1 亩地等于 0.0006667 平方公里，30 亩地大约 0.02 平方公里，这就是中国传统五口之家的基本土地需求。100 平方公里与 0.02 平方公里，都是五口人需要的土地。这两个数据摆在我们面前，无须更多的解释，人们放弃了采集、渔猎，转向农业产生的道理就在其中。农业不仅成为解决资源与土地不足这个问题

---

[1] Bettinger, R. L.. (1980). Explanatory/predictive models of hunter-gatherer adaptation. *Advances in Archaeological Method & Theory, 3*, 189-255.

的途径，而且凭借耕作为人们提供了稳定的食物。

气候变化说指出，气候变冷、变干导致人类原本依赖的动物消失或迁移，也使那些具有经济价值的植物数量减少，乃至淡出人们的活动空间，这一切都迫使人们放弃采集、猎获，而将获取食物的方式转向自己生产。

竞争宴享说认为，农业驯化的植物种类，不是由食物短缺决定的，而是出于扩大食物品种、增加美食的需要，有了美食，部落首领可以通过举办宴飨而获得威望。

当然，有关农业起源的学说不止这些，另外还有富裕采集说、社会结构变迁说，等等。仔细推敲，每一种学说都有一定的说服力，但也没有一种理论适用于全世界。这样看来，我们一直享用着农业的成果，却始终未能真正揭开蒙在农业源头的面纱。正是如此，相关的探索曾经有过，今后还会不断持续下去。

20世纪中期，卫星遥感技术告诉我们，农业用地约占世界陆地总面积（不包括南极洲）的64.7%，这就是说地球上没有比农业规模更大的产业了。然而，农业并非从来就拥有这样的规模，大量考古与遗传学研究成果告诉我们，农业起源中心只有三处，就是西亚与北非、中国、自墨西哥至南美安第斯山区三个地区（图1）。

农业起源中心，也可以视作农业起步的地方，地图上显示，它们只是地球上几处小小的斑块，被分隔在幼发拉底河、底格里斯河、尼罗河、黄河、长江，以及墨西哥的里约巴尔萨斯地区与南美安第斯山区。面对这些曾经引领人类走向文明的土地，我们不禁产生这样的疑问：世界这么大，难道其他地方的人们就没有驯化动植物吗？其实，动植物的驯化存在于自然条件适合的任何地方，植物种子落在地上可以萌生并带来收获，捕获的动物可以驯养，对于古人类而言不能算作陌生，甚至还很熟悉，但是农业起源地并非遍布世界，仅限于不多的几处，这又是为什么呢？若对世界农业起源地的地理环境进行推敲，一个共同点摆在我们面前：无论西亚、北非，还是中国黄河流域、墨西哥，以及南美安第斯山区，都属于半湿润、半干旱地区。半湿润、半干旱意味着降雨量不多，这对于植物生长不能算作理想的条件，因此植物种群的密度与种类并不丰富，与此对应的动物数量必然也不多，而所有动植物都是人类采集、猎获的对象。经末次冰期后气候转冷、转干，本来就不丰富的资源，更不易满足人类需求。既然靠天靠地不再是牢靠的出路，人类自然会将获取食物的途径投向原本从属于采集、猎获的动植物培育。

正如关于农业起源讨论过的，凭借生产劳动获得食物，不是人们欣然主动的选择，只有食物短缺的压力，才迫使人们停止在流动中搜寻食物，转向脚下的土地，并在播种之后等待收获。通过生产获得的回报，其种类与营养固然不如采集、猎获所获，但是能够让人们就此持续不断地进行下去。农业生产一直延续到今天的原因，便是收获物的稳定且可靠。气候变化导致的动植物资源减少，会影响世界很多地方，但幼发拉底河、底格里斯河、尼罗河以及黄河这些干旱的大河流域更加敏感，由此带来的结果便是更难以满足人们的需求。大自然的赏赐越欠缺，人类越需要通过劳动，通过技术探索与发明创造，来弥补资源禀赋的不足，也许正是出于这样的原因，农业起源中心不在雨量充沛、绿野青山的西欧、中欧等地，而是在这些干旱的大河流域与美洲高原。农

图例

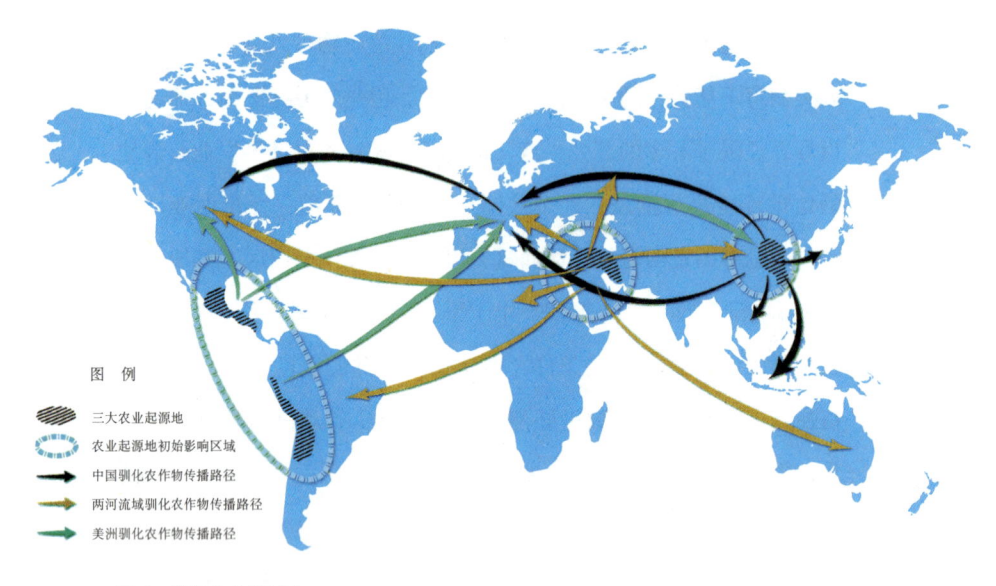

▨ 三大农业起源地
◎ 农业起源地初始影响区域
→ 中国驯化农作物传播路径
→ 两河流域驯化农作物传播路径
→ 美洲驯化农作物传播路径

图 1　世界农业起源地

业生产活动不是简单的体力付出，创造与发明伴随生产中的每一个环节，筑堤挖渠兴修水利，扶犁耕作打造工具……所有这一切一步步推动着人类社会从蒙昧走向文明。文明滋润了历史，点亮了人类前行的路径，而其自身却起步于上苍赏赐不多、并不被今人看好的干旱的大河流域。

与干旱的大河流域不同，北纬40度以北，从大西洋沿岸一路向东至乌拉尔山西麓，西风源源不断地将大西洋的水汽吹送到欧洲各地。"雨露滋润禾苗壮"，雨露不仅滋润禾苗，也为欧洲大地铺满了绿色，尽管地球上的一切气候波动都会影响到这里，但西风带来的海洋水汽却从未间断。无论生活在草原，还是林缘地带，这里的人们不必从事生产性的劳动，摘采、猎获取得的食物不但能够满足生存，且赋予了他们强壮的体魄。生活在这里的人几乎不必发明，不必创造，依凭大自然的禀赋，就一切都有了。也许正因为这样，当西亚、北非以及地中海沿岸已经从古巴比伦、古埃及进入到希腊、罗马时代，生活在阿尔卑斯山以北地带的人们仍然被称为"蛮族"。"蛮族"意味着落后，而落后的原因却是他们的存身之地太富足了。"蛮族"在世界历史中是一个并不陌生的词语，当年的"蛮族"，即今日的法国、德国、俄罗斯这些欧洲强国。面对"蛮族"与强国这样定义的转换，几乎没有学者想到需要做出解释，为什么今日的强国在历史上长期处于"蛮族"状态？正因如此，我希望我看到的问题，以及做出的解释，就是历史的本来面貌。

强国的地位由多种因素决定，资源禀赋的优越自在其中，优越的资源禀赋为今日的法国、德国等强国奠定了物质基础，却成为在过去的历史时期摆脱蒙昧、步入文明的障碍。其中的关键在于，他们几乎不存在用劳动来生产食物的需求，到处都有动植物，采集、猎获，拿来食用就是了，有现成的，谁还会去生产呢？采集、猎获这类利用型的食物获取方式，固然也存在制作工具的需求，但与农业生产相比要简单得多，文明程度自然也不在一个层面。正是如此，从农业起步，到希腊、罗马时代，当地中海沿岸文明已经发展到很高程度，欧洲大陆腹地的日耳曼人仍然被视作"蛮族"。日耳曼人蛮族标识的淡化，是从5世纪攻入罗马之后开始的，他们不但获取了罗马人的土地与财富，也接受了这里的文明。农业文明没有在欧洲腹地起源，不是因为那里土壤贫瘠，而是自然环境太好了。当然，太好的自然环境不会永远寂静，当人们从利用型的获取食物的方式转向生产型的方式之后，阿尔卑斯山以北的人一步一步走出了"蛮族"状态，凭借蓝天绿水、平原沃土，不但赢得了先进工业国家的地位，而且成为农业大国。当年的"蛮族"，今日的法国、德国以及俄罗斯，既是产粮大国，也是粮食出口大国。

无论是农业起步之时，还是今日，农业背后的推动力无不与自然环境相关。几万年前古人埋下几粒种子，并拿到了结出的果实，还算不上农业，只有当播种、收获不再是偶然的发现或者尝试，而是在年复一年的重复性劳动中形成系列技术，发明与之配套的生产工具，并将生产、收获融为完整的生产过程，农产品成为人们维持生命的基本食物来源，这时农业才算成型了。农业乃至文明起步之地均不属于自然资源丰富的地带，人们需要技术探索与发明创造来弥补自然赏赐的不足。尽管世界三大农业起源地互不衔接，相距遥远，但是三块土地上的人们几乎不约而同地着手驯化农作物。其中，西亚、北非的土地将野生小麦、大麦、扁豆、豌豆、葡萄、橄榄等成功地驯化为农作物，中国的黄河、长江中下游地区分别驯化了谷子、黍子、大豆、水稻等，墨西哥至南美洲安第斯山区则驯化了玉米、甘薯、马铃薯、花生、烟草、辣椒等。三大农业起源地之外，印度驯化了棉花，东南亚驯化了芋头等块茎类作物。

放在历史的长河中考察农业与环境，结论也许出乎意料，农业的初起步之地并非自然环境最优之处，由此而发散并走向世界的农业生产不仅仅是一种生产方式，亦是全世界人类繁衍的根本，并由此揭开了文明的帷幕。生存之本与文明之光，成就了历史舞台上的宏基伟业。

从戈登·柴尔德称为"新石器革命"的时代开始，人类逐步参与世界上动植物的进化，并顺应自己的需要，将野生植物引向人工栽培作物，将野生动物驯化为家畜，进而推动整个世界步入农业社会。20世纪80年代初，美国社会思想家阿尔文·托夫勒（Alvin Toffler）的《第三次浪潮》提出，人类文明进程已经经历了农业革命、工业革命两次浪潮，即将进入以科技革命为主导的第三次浪潮。今天，我们不仅置身于第三次浪潮之中，且在享用科技革命带来的成果。现代与传统不仅代表两个时代，其间的不同又是那么鲜明，这让今天的我们不仅与祖先的生活渐行渐远，而且在以当代科技产品为乐时，几乎忽略了第一次浪潮中中国大地做出的贡献。然而，正是那遥远的时代，奠定了后世的一切。

# 第一次浪潮与中国

当下，三大产业的概念通行于经济学界，也时常出现在媒体话语中，三大产业也称为三次产业，这是依据人类社会生产发展顺序形成的产业部门。顺序标示着先后早晚，以农业为核心的人类生产活动被称为第一产业，意味着这是人类最早从事的生产，它诞生在距今大约一万年前。纵观世界历史，两条线索贯穿始终，一条为系之权利的政治斗争，另一条就是维系民生的物质生产，而物质生产是一切文明乃至政治的基础，农业则是人类从事物质生产的第一步。

美国社会思想家阿尔文·托夫勒将农业起源称为人类文明发展中的第一次浪潮，无疑，在第一次浪潮中，中国拥有主角地位。

农业开启了文明的大门，不仅引导人类步入文明的殿堂，也成就了四大文明古国的辉煌，无论古巴比伦、古埃及、古印度，还是中国，孕育文明的土壤都是农业。于是，一个令人关注的问题呈现在我们面前——作为文明古国，中国奉献给世界最大的礼物究竟是什么？四大发明还是儒家文化？仔细推敲，两者都不是，农业才是中国送给世界最大的礼物。

每当我们谈起中国悠久而灿烂的历史,多会脱口说出"上下五千年"的文明古国。但是,话音落地立即引起质疑,上下五千年,一前一后就是一万年,若依"夏商周断代工程"2000年11月9日正式公布的《夏商周年表》,夏朝约始于公元前2070年,这样至2020年也就四五千年,相距一万年之数,还少一半。于是有了各种解释,有人说,"上下五千年"不过是个约数,千万别当真;有人说,早在夏王朝出现之前,我们就有了三皇五帝这类中国自己的"创世纪"传说;也有人说,考古发掘证明,史前时期中国境内东西南北均留下了大量切实可靠的人类遗址……这些解释说明了一些问题,又似乎没说什么,因为还是没有道明那一半文明的出处。

其实真正的答案只有一个——农业。农业是文明滋生的土壤,也是文明的一部分。中国"上下五千年"的文明进程不仅源于农业,且农业登上历史舞台的年代正合"上下五千年"之数。一万年前,谷子、黍子、水稻已经在中国的土地上完成了从野生植物到人工栽培作物的转化,此后大豆、纤维类大麻、油用大麻、白菜……陆续被纳入中国农作物的行列,农业与农业文明在国家诞生之前,已经存在五千多年了,那时正是人类文明发展第一次浪潮的开端。

## 中国北方驯化的旱地作物——粟、黍

21世纪的今天,大家对农业的关注多限于餐桌,而餐桌上的主食又以米饭、面食为主,很多年轻人对于谷子、黍子及用其制作的食物十分陌生，即使端上餐桌，也很少去想原材料长在地里的样子，属于哪种作物。古人将谷子称为粟或稷，最初"粟"之称通行于民间，而"稷，祭也"，故"稷"为谷子之名则用于庙堂祭祀，谷子加工后的粮食即为小米。黍子即黍，加工后为黄米，黄米因淀粉含量高低不同，在西北一带有软糜子、硬糜子之分。小米与黄米外观均为黄色，小米颗粒小于黄米，淀粉含量也低于黄米，故加工为食品以粥、饭为多，黄米中的软糜子则多制成粘糕、油糕，陕北民歌《山丹丹花开红艳艳》中"热腾腾的油糕，摆上桌哎"，歌中的油糕就是黄米糕。今天，无论小米饭、小米粥，还是黄米油糕，均不再是饭桌上的主餐，但稷在历史上的地位却非同寻常。古人常用"社稷"一词比喻天下，"社"为土地之神，代表国家疆土；"稷"则是谷神，是国家的根本。土地上有了粮食，国则可以为国，民则可以为生。天下万物，古人唯独用稷，即谷子，代表国之根本，原因只有一个——那时普天之下的土地上种植的是谷子，率土之滨的百姓以为主食的也是谷子，五谷之中，稷居首位。

　　农业是维持民生的底线。民以食为天，是不变真理。正是如此，世界上几乎所有民族的"创世纪"传说中，都有农神，希腊神话中的农神是德墨忒尔，中国的农神是神农，是后稷。神话经千百年传颂，几乎成为我们历史的一部分，然而神话并不是事实，既然农业的产生并非起源于传说中的神农遍尝百草、教民耕种，那么那些支撑民生的农作物究竟是怎样扎根在了我们的土地上？谷子、黍子，就是我们讨论的起点，它们不仅是中国历史早期北方黄河流域粮食作物的重中之重，而且也是中国人最早驯化的粮食作物，那个时代距今大约一万年。

那是一个遥远的时代，谁都无法亲自见证那时的一切，唯有考古成果为我们揭开了时间的面纱。当然，先民在地下都留下了什么，我们并不清楚，所以很多重大考古发现都出自偶然。1972年秋末，河北省武安市磁山村二街一个生产大队，为了变旱地为水地，决定将附近冶金矿的废水由低向高引向村东一公里处的南岗地。这正是"农业学大寨"的年代，战天斗地是那个时代的时尚。磁山二街八十多名青年民兵组成青年修渠突击队，在大南岗上开沟挖渠，工地上一镢头下去，从土中刨出了一块长45厘米、宽20厘米、形状像鞋底一样的石板，随后又挖出几件类似的石器，以及石棒、石棍。在场的青年人都觉得好奇，其中有人说："会不会是文物？"这句话提醒了大家，队里马上保护现场，派人日夜守护，同时把挖出的石器、陶片都存放在大队仓库，起草报告，逐级上报到邯郸市、河北省文研所等单位。1974年初，省文管处授权邯郸文保所的孙德海、陈光唐两位专家对这里进行了调查性的试掘，在两个9平方米的探方内，他们发现了两个窖穴，数件石器、骨器，还有一些破碎的陶器碎片。1977年，孙德海等人带着第一批出土的文物来到北京。考古学家苏秉琦端详着他们送去的小陶盂，惊喜地说，这批石器肯定比仰韶文化（距今7000—5000多年前）要早，很可能是中国半个世纪以来新石器考古工作的突破口。随后的发掘，不仅证实了苏先生的推测，而且让一个令中国考古学界惊叹、吸引了世界考古界的文化遗址出露在我们面前（图2）。

武安市磁山村的考古发现，被命名为磁山文化遗址。自1972年

图2 磁山文化遗址及其周邻地区地形图

发现后,考古学家进行了调查式试掘,此后在1976—1998年二十余年中,该遗址经历了三个发掘阶段,共发现数百个窖穴,其中粮窖189个,仅第一发掘阶段发现的88个粮窖内的粮食体积就达109立方米,折合成重量约138 200斤,若再加上此后两个阶段发现的粮窖,粮食存量十分惊人。

面对如此重大发现,测年与弄清这些粮食究竟是什么,成为考古学最关键的两步。1976年,中国社会科学院考古研究所利用$C^{14}$对磁山文化遗址测年的结果为：公元前5405±100年和5285±105年,后经树轮校正,推断结果为距今8000多年。2009年,中国科学院地质与地球物理研究所吕厚远课题组重新进行测年并得出结论,遗址中的粮食距今约10000—8700年[1],这是中国北方年代最早的粮窖。经中国科学院植物研究所与北京农业大学鉴定,这些窖藏粮食为粟与黍,即谷子与黍子。在与其他遗址的年代比较中,磁山

---

1 Lu, Houyuan, Zhang, Jianping, Wu, Naiqin, Liu, Kam-Biu, Xu, Deke, &Li, Quan.(2009). Phytoliths Analysis for the Discrimination of Foxtail Millet (Setaria italica) and Common Millet (Panicum miliaceum). *PLOS ONE*, 4(2).

文化遗址中发现的驯化谷子、黍子的年代最久远。

这一发现意味着什么？磁山文化遗址粟、黍的发现，不仅将中国旱地粮食作物的驯化时间推到距今一万年前后，而且证明了中国是世界上最早出现人工栽培粟、黍的国家。此前，国外主流观点认为，埃及、印度是世界上最早出现人工栽培粟的国家，磁山文化遗址的发现推翻了以往的结论，改写了世界农业历史。

粟由野生狗尾草驯化而成，野生黍则是黍的祖本，粟、黍都属于北方旱地作物，能在河北武安市一带完成早期人工驯化，与这里的环境有着密切关系。一万年前的古人还处于操持农业的初级阶段，换句话说，还没有摆脱对大自然的依赖，人们尝试着播种并等待收获的同时，仍然需要采集、渔猎获得的食材，因此农业发端之地，应具备满足耕作与猎获双向要求的环境条件。磁山遗址位于南洺河北岸台地上，地处太行山东麓山前冲积扇地带。那时黄河扫过华北平原，导致平原上屡屡洪水，湖沼密布，人类难以立足，而冲积扇地带却因地势高亢、土壤肥沃，成为古人类的家园。这里不仅可以耕种，且处于山地与平原交汇之处，兼得林地、草地不同属性的动植物资源。这一切既保证了维持渔猎、采集的需要，又具备拓展农业的自然条件，于是古人在摸索与探求中，逐渐从对野生动植物的依赖，转向农业生产。正是如此，我们在磁山文化遗址中，不仅能看到大量的粮食，石铲、石斧、石镰等农业生产工具，石磨盘、石磨棒等粮食加工工具，还可以看到鹿、野猪、花面狸、金钱豹、梅花鹿、四不像、鱼类、鳖类、河蚌等野生动物骨骸，核桃、榛子、小叶朴等乔木树种，同时还出土了骨镞、鱼鳔这些猎具、渔

图 3　谷子，即粟

具[1]。采集渔猎与播种收获并存的环境，是农业生产起源之地必备的条件，前者是探求中的保障，后者则是未来的依靠（图 3）。

磁山文化遗址是中国北方唯一的距今一万年前的农作物驯化地，以此为中心，其他与粟、黍相关的遗址年代，由早及晚具有鲜明的圈层特征。陕西、山东一带构成的圈层所处年代大约距今7000—6000 年；继续向西、向北，甘肃、青海、辽宁一带又形成

---

1　参见河北省文物考古学会编：《磁山文化论集》，河北人民出版社，1989、孙德海、刘勇等：《河北武安磁山遗址》，《考古学报》1981 年第 3 期；邯郸市文物保管所等：《河北磁山新石器遗址试掘》，《考古》1977 年第 6 期；佟伟华：《磁山遗址的原始农业遗存及其相关问题》，《农业考古》1984 年第 1 期。

图 4　黍子

距今 5000—4000 年的圈层；由此向四周扩展，则是距今 3000 年左右的黑龙江、内蒙古东部以及台湾等地区构成的圈层。这些年代圈层，既非猜测，也非臆断，而是来自实实在在的考古成果。粟、黍最早驯化地应该就在磁山文化遗址一带，这些作物由此完成驯化并逐步传向各地，养育众生，成为民生之本（图 4）。

农业尚未出现之前，人们采集的野生植物种类很多，将一粒种子埋在泥土中或许是偶然，但并不是所有的植物都能带来令人满意的结果，显然，只有狗尾草、野生黍在诸多植物中最具优势，人们因此将其投入到年复一年持续性的种植中。当代农学家讨论栽培作物起源的，总会提及作物在野生状态的母本与父本，其实，无论作物的母本、父本是什么，它们都是由风、水、动物等自然媒介促成传播，所谓人工驯化，关键在于选择。那时，人们并不会进行人工杂交育种，却懂得选择，不仅籽粒饱满、穗大苗壮的植株籽粒被留作种子，而且成熟后籽粒不易自动脱落、便于收获的植株，也是人们关注的对象。经过这样的选择，作为下一次播种的种子携带了利于收获、产量理想的基因，在反复择优之后，含有最佳基因的种子，不仅被人们认可，且种植成习、种植成片，以某类种子为核心的种植业起步了。野生植物与人工驯化的农作物之间最大的区别在于，通过反复选择，最佳基因保留在了人工栽培作物体内。粟、黍耐贫瘠、耐干旱，对旱地生态环境有良好的适应性，凭借这些优势，这两种作物从驯化中心传到北方各地，又继续传入南方山地丘陵地区。

若穿越是一种可能，那么，从三千年前、五千年前，直至秦皇、汉武所在的时代，北方餐桌上几乎没有大米、白面，无论是贵族还是奴隶，赖以为生的粮食都是粟、黍，而两者之中粟又占有绝对优势。正是因为如此，传说中的农神乃有后稷之称，稷就是粟。

粟、黍传向域外的历史十分悠久，《剑桥欧洲经济史》第一卷——《中世纪的农业生活》谈到，黍本是远东的土生植物，欧洲人话语中的远东指如今的中国、日本、朝鲜、韩国等地，远东各国中只有中国是黍的驯化地。大约在新石器时代，东南欧及西伯利亚平原上的游牧民族把黍带到了西方。古罗马时代，黍在英国、高卢（今法国、比利时、意大利北部、德国南部等地），以及意大利波河平原等地已成为重要作物。至中世纪，意大利北部、比利牛斯山区、法国西南部，但凡小麦种植不利的地方，都可以以黍为粮。[1]黍根据品种可分两类，一类淀粉含量高且黏性大，北方人称为软糜子，另一类淀粉含量低的为硬糜子。硬糜子环境适应性很强，传入欧洲并广有种植的应是硬糜子。

那是一个距离我们十分遥远的年代，粟、黍这些旱地作物已经走出国门，融入他乡的民生之中。

## 中国南方驯化的农作物——水稻

距今一万年前，是栽培作物在中国大地上落地生根的年代，几乎与北方旱地作物粟、黍的起源同时，甚至更早一些，在南方的长江流域，人们也将野生水稻驯化成了人工栽培水稻。

先民将野生植物驯化为栽培作物，并没有留下操作过程的记录，于是迈过漫长的时间隧道，后世要了解历史的真相，必然有一番周折。水稻起源，是中国农史，甚至世界农史研究中分歧最多的问题。

水稻与冬小麦、玉米并列为三大粮食作物，当今世界，二分之一以上的人口以稻米为生，正是如此，人们不仅关注当下水稻的生产，同时也将视线投向了水稻的起源。

青年学者刘夙告诉我们，首先关注这一问题的西方学者注意到，西方语言中"稻"的词源来自印度梵语，且印度也是野生水

---

[1] [英] M.M.波斯坦、H.J.哈巴库克主编，王春法等译：《剑桥欧洲经济史》，经济科学出版社，2002，第146页。

稻分布比较集中的地方,于是印度为水稻起源地的说法就此流行起来[1]。此后,随着东南亚以及中国发现了大量野生水稻,人们的视线与讨论核心随之转移,新的观点也相伴而生。1952年,美国地理学家卡尔·索尔(Carl O.Sauer)在《农业的起源与传播》中提出水稻的初始驯化中心在东南亚,依据为那是动植物种类繁多的区域,有大量物种可供选择并进行杂交。索尔这一观点问世不久,西方学者即提出质疑并加以否定。东南亚丰富的动植物资源,导致人们没有驯化农作物的迫切需求,那里也没有发现古老的稻作遗址,这些都是否定这一观点的理由。时至20世纪50年代,中国还没有在这场讨论中成为主角,尽管早在20世纪20年代,水稻专家丁颖即根据中国古代文献记载,提出中国是世界水稻起源地的观点,但在长江中下游陆续发现距今7000年的稻作遗址之前,国际学术界始终认为中国水稻是从境外传入的,自然忽略了丁颖的研究[2](图5)。

扭转局面的关键在于考古发现。20世纪50年代,湖北京山屈家岭、重庆巫山大溪发现了水稻遗存,此后20多年中,中国各地陆续发现的水稻遗存达90处,其中长江中下游地区有近70处,其中距今7000年前的浙江河姆渡遗址、浙江桐乡市罗家角遗址中的稻作遗存更是震动了整个学术界。然而,就在中国发现这些稻作遗存的那些年,印度、泰国也有据说距今7000年以前的稻作遗存被

---

1 刘夙:《水稻起源的战争:印度还是中国?》,载于果壳网,2015-10-15。
2 丁颖:《中国栽培稻种的起源及其演变》,载中国农业科学院编《稻作科学论文选集》,农业出版社,1959,第5—27页。

图 5　水稻

发现。面对这些发现,学术界不再否认中国为水稻起源地,但也没有放弃旧有的说法。于是,国外一些学者又做了一番折中,提出印度奥里萨邦、印度支那的湄公河三角洲或中国南方的珠江三角洲等低湿平原沼泽地带,可能是栽培稻最初的培育地,日本农学家渡部忠世则主张水稻起源于印度阿萨姆至中国云南的山丘地带[1]。

20 世纪 70 年代以后的考古发现,让中国的水稻起源地地位得到了肯定。这时,原本被认为形成于距今 7000 年前的印度、泰国稻作遗址,因测年有误,失去了作为水稻起源地的意义,中国境内

---

[1] 王玉堂、吴仁德等:《农业的起源与发展》,南京大学出版社,1996,第 205—212 页。

则陆续发现了其他稻作遗存。80年代，发现了距今9000—7500年的湖北宜昌城背溪遗址、湖南澧县彭头山遗址，且两处遗址均有稻谷遗存。90年代，湖南常德市澧县发现城头山遗址，距离城头山遗址一公里处，还发现了距今约8000年的人工栽培稻。在距离城头山遗址十多公里处，则发现了大量距今8000年的稻田实物标本，其中40%有人工栽培痕迹，有水坑、水沟等原始灌溉系统，是现存世界最早的灌溉设施完备的水稻田。江西万年县发现了仙人洞、吊桶环遗址，遗址中发现1.2万年前的野生稻植硅石和一万年前的栽培稻植硅石。2004年，湖南道县玉蟾岩遗址发现了距今1.8万—1.4万年前的人工栽培稻，这是目前发现的世界上最早的稻谷遗存。面对这些稻作遗存的发现，东南亚说、印度说以及云南山地说逐渐淡出，长江中下游说成为国内外学术界共同认定的事实。

有关水稻起源地的争论是否到此终结了呢？水稻起源于中国已经成为共识，但由于中国各地稻作遗存的年代不同，一些学者认为水稻起源于长江中游地区，另一些学者认为起源于长江下游地区。

面对这一分歧，北京大学的严文明教授主张长江中下游共同起源说，并强调，确定稻作起源地，遗址年代并不是绝对条件。城背溪、彭头山等长江中游地段的遗址虽然比河姆渡要早，但稻作水平也比河姆渡低得多，依照稻作发展规律，河姆渡之前也应该存在一个类似彭头山稻作农业的低水平阶段，"这样长江中下游有很大可能就是稻作农业的起源地，它们可能是互相联系、互相影响、统一而不可分割的稻作起源中心"[1]。这其中包括着两层含义：其一，河姆渡文化之前应有更低级的稻作农业，其时间必然早于距今7000年前，这就如同我们上大学之前都有中小学阶段；其二，若存在这样一个文化层，长江中下游不应因年代而有早晚之分，无论是城背溪、彭头山等长江中游稻作文化信息顺江传向下游，还是自下游逆江传向中游，总之长江中下游稻作文化处于同一体系之中。农史学家游修龄也提出了相近的观点："考古发掘不可能一次全面铺开，其遗址的发现有很大的偶然性，光凭这种比较，很可能出现甲处比乙处、丙处早；说不定下次乙处又有更早的稻谷出土，则变成乙处比甲处、丙处早。"[2]

上述技术论与另一派的时间论，在各执一词的讨论中，又等来了新的考古发现。2001年前后，浙江萧山境内发现了距今8000年的跨湖桥遗址，遗址中的稻谷"是从当地野生稻驯化起来的原始性古栽培稻"[3]。同年，浙江余姚发现了距今7000—5500年的田螺山遗址。还是这一年，浙江省浦江县黄宅镇发现了距今11000—9000年的上山遗址，遗址出土的夹碳陶片的表面，有较多稻壳印痕，胎土中夹杂着大量的稻壳。对陶片取样进行植物硅酸体分析显示，这是经过人类选择的早期栽培稻。这些遗址年代都在河姆渡文化遗址之前，它们的发现拉平了长江中下游之间稻作时间与稻作发展水平的差距，不仅证实了严文明的观点，也从空间上将长江中下游与钱塘

---

1　严文明：《中国稻作的起源与传播》，《文物天地》1991年第5、6期。
2　游修龄：《中国稻作史》，中国农业出版社，1995，第58页。
3　郑云飞、将乐平等：《浙江跨湖桥遗址的古稻遗存研究》，《中国水稻科学》2004年第2期。

江流域划入水稻起源地共同体中。

世界上农作物的原始驯化地不止一处,而在水乡完成农作物驯化的,只有中国。水稻的初始驯化地,无论长江中下游,还是钱塘江流域,都是水乡,傍河滨湖,这样的环境与世界其他农业起源地都位于干旱的大河流域相悖,对此如何解释呢?其实,它们的共通之处在于,依靠单纯的采集渔猎方式生存,无论干旱的大河流域还是水乡,环境都不理想。一万年前的水乡,河湖纵横,沼泽密布,水多了蚊虫小咬也少不了,泥泞的土地被河湖分割成并不宽广的单元,这样的环境对于单纯依靠采集渔猎的先民,有着与干旱的大河流域不一样的艰辛,时至汉代,在司马迁笔下,仍然能看到"江南卑湿,丈夫早夭"这样的描述。正是"卑湿"的环境制约了利用型经济的发展,进而推动人们改变生存方式,踏出驯化农作物的道路。

水稻喜温、喜湿,最适宜亚热带湿热环境,最初人们尝试种植水稻,多选择沼泽之地,利用天然水生环境,辟为稻田。众多出土稻作遗存的遗址中,河姆渡遗址的文化内涵最丰富,遗址南依四明山、北临湖沼,山上森林茂密,丘陵缓坡杂草、灌木丛生,平原临水地带密布芦苇、水草,适应湿热气候的人们不仅选择了悬空架屋的干栏式建筑为居舍,也将稻田辟在湖沼边缘。从遗址中稻谷、稻叶、稻壳相互混杂形成的0.2~1米厚的堆积层来看,这一时期不仅稻田已有规模,稻作技术也走出了最原始阶段。与此对应,遗址中出土了骨耜、木耜、穿孔石斧、双孔石刀、舂米木杵等农业生产和谷物加工工具。水稻只是河姆渡人部分食物来源,人们并非仅以植稻为生,渔猎采集仍然没有离开他们的生活。复杂多样的自然环

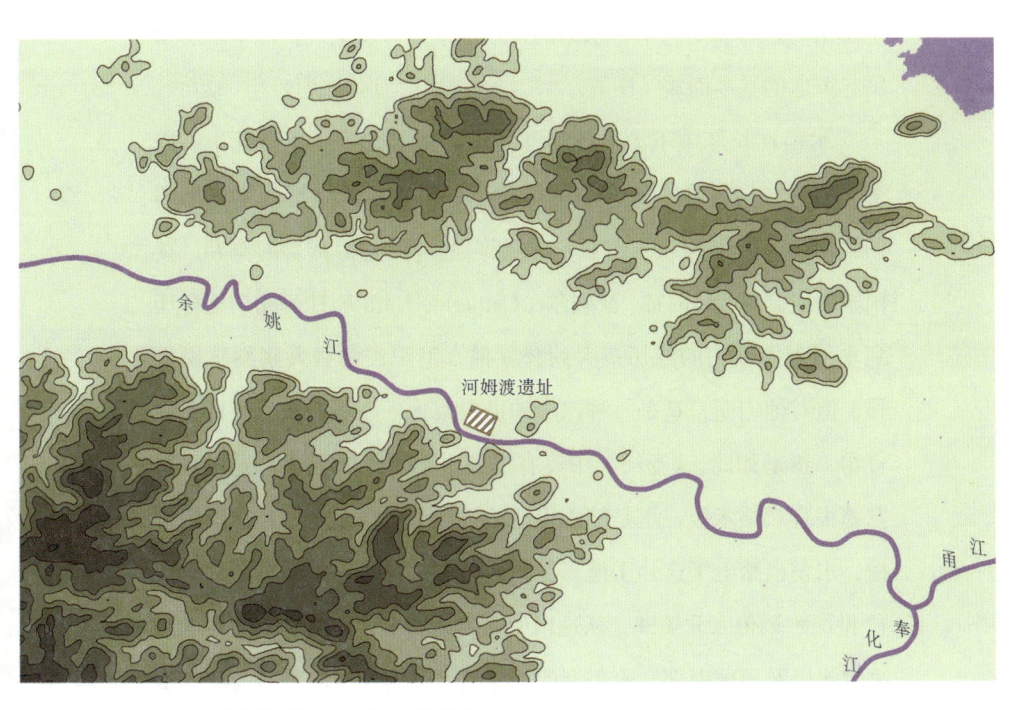

图6 河姆渡遗址及其周邻地区地形图

境，孕育了各种动植物资源，在将野生水稻驯化为人工栽培稻的漫长岁月中，遗址中整坑、成堆的麻栎果、橡子、酸枣、菱角等植物果实，大量陆生、水生动物遗骸，以及石球、石弹丸、陶弹丸、木矛、骨镞、骨哨等渔猎工具，揭示了河姆渡人谋生的另一个途径[1]。河姆渡是人类早期农作物驯化中心，由此及彼，透过河姆渡人对环境做出的选择利用与培育水稻的技术水准，可以览观长江中下游水稻起源地的基本面貌（图6）。

水稻在长江中下游与钱塘江流域完成驯化后，逐渐北上、南下，传入中国各地，又从中国传向境外，向东渡海至日本列岛与朝鲜半岛，向南传入东南亚、南亚等地。《植物传奇》的作者，美国学者凯瑟琳·赫伯特·豪威尔（Catherine Herbert Howell）这样谈到水稻走向欧美的经历：大约公元前3世纪，希腊人刚刚听说水稻，但对他们而言这是一种昂贵的进口粮食，还不能作为餐桌上的食物，正是如此，《圣经》中没有提到水稻。伊斯兰教的先知穆罕默德很喜欢稻米饭，于是随着伊斯兰教在中东、北非以及欧洲的传播，水稻也踏上了这片土地。英国人第一次接触稻子是在15世纪，17世纪水稻传入北美洲，从这以后，大约一个世纪内，水稻在卡罗莱纳州以及美国南部、南美洲的沼泽地带迅速生长起来。经过数千年，如今水稻不仅在东亚、东南亚、南亚形成分布优势，而且流向世界各地，成为全世界近一半以上人口的基本食粮[2]。正是经过这样

---

1 赵晓波：《河姆渡周边遗址原始稻作农业的研究》，《农业考古》1998年第3期。
2 [美]凯瑟琳·赫伯特·豪威尔著，明冠华、李春丽译：《植物传奇——改变世界的27种植物》，人民邮电出版社，2018，第45页。

的传播，今天，我们在地球的任一个角落捧起一碗大米饭，它的根都在中国。

回顾中国农史，无论北方旱地作物粟、黍，还是南方水稻，无疑都证明了，农业是中国送给世界最大的礼物。

浪潮溅起的不仅是几朵水花，大潮涌来将世界带入了一个时代。第一次浪潮引导人类步入农业社会，从距今一万年前一直持续到18世纪，这是人类社会持续最长的发展阶段，在这漫长的时空中，从起步到整个过程，中国人都是舞台上的主角。

# 何以中国

中国是我们的国家，我们是中国人，这是我们有生以来就知道的政治归属。但若回顾历史，用"中国"代表我们的国家并非从来如此。这几千年，"中国"一词经历着从标定地域到涵盖整个国家的变化，因此"何以中国"成为考古学界展示中国悠久文化的命题。

通过当代媒体，考古成果从专家的发掘走进千家万户，那些埋在地下的器物，一次次为我们带来惊喜与困惑，也一次次唤起我们揭秘与探源的心愿。就在这些见证中国璀璨历史的器物中，一件被称为"何尊"的西周青铜器，镌刻着最早的"中国"两字，因此何尊自然而然成为讨论"中国"的起点（图7）。

1963年，何尊，出土于陕西省宝鸡市陈仓区贾村镇贾村，距离这里不远，宝鸡市扶风、岐山两县交界处就是著名的周原，以"周"命名，足以表明那片土地久远的历史。几十年来，考古学界在周原遗址内，先后完成了先周与西周时期重大发现的发掘工作，并根据发掘出的大型建筑与城址遗迹证明，那是周人先祖古公亶父率领族人立足关中、营建城邑的地方。关于三千多年前的周原，

图 7 何尊，现藏中国宝鸡青铜器博物院

《诗经》中留下了这样的诗句，"周原膴膴，堇荼如饴"，塬上肥沃的土壤，带来一片勃勃生机。追随《诗经》中的周原，我们几乎可以看到黄土地上的苍茫与苍茫中平地崛起的大城。这样看来，无论周原还是贾村，都是刻印着周人足迹的地方，在周人祖先所居之处发现何尊，可以说是再正常不过的事了。

何尊高 38.8 厘米，口径 28.8 厘米，重 14.6 公斤。尊为圆口棱方体，长颈，腹微鼓，高圈足，内底铸有铭文 12 行、122 字：

> 唯王初迁宅于成周。复禀武王礼，祼自天。在四月丙戌，王诰宗小子于京室，曰：昔在尔考公氏克逑文王，肆文

王受兹大命。唯武王既克大邑商，则廷告于天，曰：余其宅兹中国，自兹乂民。呜呼！尔有唯小子无识，视于公氏，有劳于天，彻命。敬享哉！惠王恭德裕天，训我不敏。王咸诰。何锡贝卅朋，用作囗公宝尊彝。唯王五祀。

"宅兹中国"就出现在这篇铭文中，这是"中国"首次见于文字记载[1]，其时代早于任何传世历史文献。正是这篇铭文的发现，何尊引起了考古学、历史学、古文字学界的普遍关注，同时也留下许多问题，何尊铸于什么年代？此时"中国"的含义是什么？对此，古文字学家唐兰释何尊铭文大意为：

周成王开始迁都成周，还按照武王的礼，举行福祭。祭礼是从天室开始的。四月丙戌，成王在京室诰训"宗小子"们说："过去你们的父亲能为文王效劳，文王接受了大命，武王战胜了'大邑商'，就向天卜告，说：'我要住在中央地区，从这里来治理民众'。呜呼！你们或者还是小子，没有知识，要看公氏的样子，有功劳于天，完成使命，敬受享祀啊！"王是有恭德，能够顺天的，教训我们这些不聪敏的人。王的诰训讲完后，何被赏赐贝三十串，何用来囗公的祭器。这时是成王五年。[2]

---

[1] 于省吾：《释中国》，载王元化主编《释中国》，上海文艺出版社，1998，第1515—1523页。

[2] 唐兰：《何尊铭文解释》，载《唐兰先生金文论集》，紫禁城出版社，1995，第187—193页。

图8 何尊铭文

读了这篇释文,问题的答案就在其中。何尊属于西周初周成王时期,此时的"中国"并不代表国家,也不是国家所领有的空间,而仅表示位居中部方位的一个区域(图8)。

唐兰之外,张政烺、马承源等历史学家、古文字学家对何尊铭文中"中国"之释大体相同。当代学者释"中国"并非出于自己的创意,而是有所根据。古文字学家于省吾指出,"中国"一词由"中""国"两字组成,"中"在甲骨文中形状如有旒旗帜,商王有事立旗帜以召集士众,士众围绕周围听命,故"中"的含义由旗帜引申为中央;"国"字的含义则与"邑"相同。"中"与"国"合为一体,自然有中央区域之意。正是如此,先秦文献中含有"中国"的记载,均表明了这番意思,只不过那时视为中央区域的,或为殷商乃至后来西周的核心区域——黄河中下游地带,或为京师所在之地。

035

《诗经·大雅·荡》载:"文王曰咨,咨女殷商。女炰烋于中国,敛怨以为德……文王曰咨,咨女殷商。如蜩如螗,如沸如羹。小大近丧,人尚乎由行。内奰于中国,覃及鬼方。"这里的"中国"指商都或商的基本控制区。《尚书·梓材》载:"皇天既付中国民越厥疆土于先王,肆王惟德用,和怿先后为迷民,用怿先王受命。"这里的"中国"指文王、武王伐及商属国所在的地区。武王克殷,以周代商,周人所在核心区域就被视为"中国"。《诗经·大雅·民劳》云:"民亦劳止,汔可小康。惠此中国,以绥四方。"《毛诗注疏》释:"中国,京师也。四方,诸夏也"。此处的"中国"指周人国都丰镐及毗邻地区。商人居东,周人居西,随着由西周进入东周,周人的政治中心也由位于丰镐的宗周移向位于洛邑的成周,伴随这一迁移,"中国"再次回到殷商时期的位置,即黄河中下游地区。入周以后,有关"中国"的记载越来越偏重于黄河中下游地带,即后世所称的中原地区。《诗经·小雅·六月》序云:"小雅尽废则四夷交侵,中国微矣。"《左传·僖公二十五年》云:"德以柔中国,刑以威四夷。"这些文献提到的"中国"均指中原地区,不仅如此,何尊铭文所及"中国"也指中原。《尚书大传》载:"周公摄政,一年救乱,二年克殷,三年践奄,四年建侯卫,五年营成周,六年制礼作乐,七年致政成王。"位于洛邑的成周是周公辅佐成王时期营建的,故唐兰等均认为,"余其宅兹中国"为中央之地,即中原地区。

早期"中国"一词的内涵还拥有一个重要的信息,无论"中国"代表中央之地还是京师,都不是政治空间,而是具有鲜明的文化区域特征。凡被视作"中国"的区域,都有着与周边地区完全不同的风范,这种文化风范就是华夏文化。唐人孔颖达如此解读华夏："夏，大也，中国有礼仪之大，故称夏；有服章之美，谓之华，华夏一也。"[1] 他用礼仪与服章的宏大与华美概括华夏文化的基本特征，而"中国"所在区域盛行的正是华夏文化，反之没有这样文化风范的区域，均不属于"中国"。《左传·鲁成公七年》讲到吴伐郯事件，对此鲁国季文子说，"中国不振旅，蛮夷入伐"，就是这样的事例。吴国先祖本为太伯、仲雍，均是古公亶父的儿子、周文王的伯父，他们不但不是外人，而且与周天子同为姬姓[2]，但远在长江下游，全失华夏风范，竟被鲁人视作蛮夷，而郯国位于今山东临沂一带，深受华夏文化影响，自然被纳于"中国"。此时"中国"不仅代表中央之地，且属于华夏文化的核心区。

西周时期，人口不多，开发程度也不高，地区之间不仅存在明显的文化差异，而且华夏之风也没有可能为普天之下效仿，于是，不仅吴、楚不在"中国"之列，位于今四川的蜀也是如此，故西汉经学家孔安国称："蜀，叟也，春秋之时不与中国通。"[3] "叟"是那个时代对蜀地民族的称呼，限于地理条件，叟人至春秋之时与中原地区仍来往不多。文化风范与社会经济生活方式关系密切，同处于农耕生活背景下的吴、楚、蜀尚不被视为"中国"，生活在中原周边地带的非农耕民族，更无法纳入到"中国"这一文化空间，而被称为戎狄、蛮夷。

上古时期，"中国"一词具有的内涵，对后世影响很大，故以

---

[1] 《春秋左传注疏》卷五六，上海古籍出版社，1987。
[2] 太伯，周人部落首领古公亶父长子，太王欲传位季历及其子昌（即周文王），太伯乃与仲雍让位三弟季历而出逃至江南，为吴国第一代君主。
[3] 《通鉴》卷一，周安王十五年注引。

后的历史时期仍然用"中国"表述地域间文化属性的差异,如《新唐书》载:"……姚州,地险瘴,到屯辄死。柬之论其弊曰,臣按姚州,古哀牢国,域土荒外,山岨水深。汉世未与中国通,唐蒙开夜郎、滇、筰,而哀牢不附,东汉光武末,始请内属,置永昌郡统之"。《宋史》载:"禁掠卖生口入蛮夷嵠峒及以铜钱出中国"。《三朝北盟会编》载:"恐兵革一动,中国昆虫草木皆不得而休息矣"。程大昌《禹贡山川地理图》载:"华阴,河行华山之北,故曰华阴,河自北狄入中国皆南行,至此而极"。《乾道临安志》载:"钱塘自五代时知尊中国,劾臣顺及其亡也,顿首请命,不烦干戈,今其民幸,富足安乐"。以上所列,涉及的内容完全不同,但"中国"具有的含义却很相似,其所指均不为政权空间,而为文化区域。其中《新唐书》所书姚州,东汉时已经归为永昌郡统辖,与中原内地有着完全相同的管辖方式,但在唐朝人理念中它仍不在"中国"或"中土"之列。《乾道临安志》为南宋时期杭州的地方志,其中涉及五代十国时期立国于江浙一带的吴越。那时南北政权对峙,并无正统与非正统之分,且早已打破了上古时代文化地域隔绝的现象,吴越国不仅拥有与中原地区同样的礼仪风范,而且经济发展也达到了不凡的水平,尽管如此,上古时期形成的"中国"空间理念并未消退,人们仍然将设在中原的政权视为"中国"。

可以肯定,时至唐宋时期,华夏文化已经传布到东南西北各地,但将中原地区视作"中国"的理念却仍然沿承下来,无论涉及政治、经济,还是自然山川,但凡言及"中国",其地理方位均不离商周时期"中国"所在的黄河中下游地区,这一地区或指建立在中原的地方政权,或指中原政权的核心区域。

而在中国历史的长河中，中原地区并非一直是汉民族政权所在地，那么非汉民族建立的政权是否自认为"中国"？其关键仍在于政权的政治核心是否位于中原。《金史·食货志》载：泰和"八年七月，言事者以茶乃宋土草芽，而易中国丝、绵、锦、绢有益之物，不可也"。金王朝的建立者为女真人，金章宗泰和年间已是金人迁都南京（今北京）五十年之后了，随着政治中心位居中原一带，金人凭借拥有华夏文化的核心区，而以"中国"自居，反过来对于地处江南、由汉人建立的南宋政权，却以宋人相称。《金史》的记载说明，在古人的理念中，判断是否是"中国"，并不在于政权建立者的民族归属，政权政治核心的位置与文化风范可能更为重要。故金人虽为女真人，但只要拥有了中原之地，仍然不妨碍成为"中国"的代表者。

回顾中国历史，将华夏文化核心区视作"中国"由来已久，"中国"的内涵改变，从文化区转为政治区，从中原地区到代表我们的国家，始自1689年签订的中俄《尼布楚条约》。对此我们将《尼布楚条约》中有关内容展示如下：

……康熙二十八年七月二十四日，两国使臣会于尼布楚城附近，为约束两国猎者越境纵猎、互杀、劫夺，滋生事端，并明定中俄两国边界，以期永久和好起见，特协议条款如左：

一、以流入黑龙江之绰尔河，即鞑靼语所称乌伦穆河附近之格尔必齐河为两国之界。格尔必齐河发源处为石大兴安岭，此岭直达于海，亦为两国之界；凡岭南一带土地及流入黑龙江大小诸川，应归中国管辖；其岭北一带土地及川流，应归俄国管辖。惟界于兴安岭与乌第河之间诸川流及土地应如何分划，今尚未决，此事须待两国使臣各归本国，详细查明之后，或遣专使，或用文牍，始能定之。又流入黑龙江之额尔古纳河亦为两国之界：河以南诸地尽属中国，河以北诸地尽属俄国。凡在额尔古纳河南岸之黑里勒克河口诸房舍，应悉迁移于北岸。

……

"中国"一词出现在《尼布楚条约》中，用在这里的"中国"不再是文化区，而代表的是大清帝国。1689年，"中国"第一次被赋予了代表主权国家的含义。值得关注的是，在中国数千年的历史中，"中国"始终代表华夏文化的核心区，此时清朝签约大臣使用的是"中国"，而不是大清，原因仍归于文化。显然，清人在国际条约中使用"中国"，明显含有西洋为化外之邦之意，化外意味着野蛮、落后。尽管用意如此，但此后"中国"一词逐渐摆脱了标定中心之地与华夏文化核心区的初意，而成为国家全部领土、全部主权、全体人民的代表。

回顾"中国"一词词义的变化，其意义并不在词语自身，它象征着中国历史进入了一个不同以往的时期，这正是从"家天下"走向"天下为公"的时代，故梁启超《少年中国》称：

> 我中国畴昔，岂尝有国家哉，不过有朝廷耳。我黄帝子孙，聚族而居，立于此地球之上者既数千年，而问其国之为何名，则无有也。夫所谓唐、虞、夏、商、周、秦、汉、魏、

晋、宋、齐、梁、陈、隋、唐、宋、元、明、清者，则皆朝名耳。朝也者，一家之私产也；国也者，人民之公产也。

上下五千年，中国历史绵长久远，但以"中国"作为主权国家的代表仅数百年，以数百年之短比万年之长，真可谓少年中国。

何以中国，从何尊到中俄《尼布楚条约》，涉及数千年的历史，在这数千年中，"中国"拥有的内涵始终与地理相关，不仅如此，其代表的空间起步于中原，最终拥有整个国家。

# 从"三河为天下之中"到"陶,天下之中"

地理大发现之前,几乎全世界人都在思考,哪里是"天下之中",但是在那个时代,所有人对世界的认识都是有限的,最终无论哪里的人都得出了一个结论,自己的家乡就是天下之中。于是,我在秘鲁的马丘比丘,看到了当地人视为天下中心的那块大石头;在乌兹别克斯坦的希瓦,看到了那里的天下中心;在属于智利的复活节岛,也有所谓的天下中心……全世界都有当地人认定的天下中心,中国古人自然也思考过这个问题。两千年前,司马迁的《史记》提到了"天下之中",但司马迁所说的"天下之中"不是地理之中,而是经济之中。

"昔唐人都河东,殷人都河内,周人都河南,夫三河在天下之中。""陶,天下之中。"从"三河"为"天下之中"到"陶"为天下之中,司马迁《史记》中两次提到"天下之中",且都位于黄河中下游地区,但是两个"天下之中"并不相同。"三河"为天下的农业之中,而"陶"则为商业之中,从农业之中到商业之中,黄河中下游地区经历了怎样的发展历程?

黄河中下游有着久远的农业历史,早在九千多年前,先民就在这里完成了粟、黍的驯化,自此之后,农业就在沿河两岸的冲积沃土上落脚生根。地理学评价黄河中下游地区的平原地带,地势平坦、气候温和,加之疏松易耕的黄土冲积层,所有这一切适宜经营农业的自然条件,成为一种优势,故从农业起源至仰韶文化、龙山文化,大河两岸留下了一系列人类农业活动信息。但是,那时人口稀少,生产工具原始落后,被开垦出来的土地只是在聚落周围狭小的一块,就此形成的农田,只是散布在莽原中的小片点状区域。

夏、商、周是中国历史上最早的三个朝代,这时农业虽然摆脱了原始阶段,但土地开发能力仍很弱,农耕区主要分布在汾河、伊河、洛河、沁河下游一带。中国古人将黄河支流汇入干流的三角地带称为"汭","洛汭"就是伊河、洛河与黄河相汇的地带,汾河、渭河与黄河相汇之处也同样会形成"汭"。"汭"在今天是十分陌生的词汇,但"汭"这样的三角地带既有肥腴的冲积沃土,又可依托黄河各条支流发展灌溉,却没有黄河干流的洪水引发的灾难,发展农业,条件得天独厚。此外,"汭"所在之处又可凭借地形之势,形成相对封闭的独立小区域,无论发展生产,还是人居安全,都可依凭自然条件获得保障,自然成为早期农业的首选之地。

司马迁《史记》中论及天下经济,称:"昔唐人都河东,殷人都河内,周人都河南,夫三河在天下之中。"司马迁所说的河东,大致属于今山西南部,汾河、涑河与黄河干流形成的三角地带。唐人,指唐尧统领的部落,而唐尧,就是传说中三皇五帝之一的尧。唐尧的部落曾以平阳为都,平阳即今山西临汾,主要活动区域就在汾河、涑河下游地带。河内,则指黄河北岸由沁水与黄河形成的三角地带，大致包括今河南沁阳、济源、安阳等地，这里是殷商先祖活动的地带，被称为"殷墟"的商王朝都城遗址就在今安阳。河南，并非今天的河南省，而是黄河南岸，伊河、洛河与黄河构成的三角地带，即今洛阳及周邻地区，这是周人灭商之后，周成王设立成周之都的地方。唐人、殷人、周人所都的三河地带，都在大河干、支流相汇的诸"汭"，得益于这样的自然条件，这里曾是当时农业经济最发达的地区。"三河在天下之中"，此时既是司马迁认定的天下地理中心，也是凭借农业而赢得的经济中心。司马迁用"天下之中"强调"三河"的经济地位，而这个地位是建立在农业基础之上的（图9）。

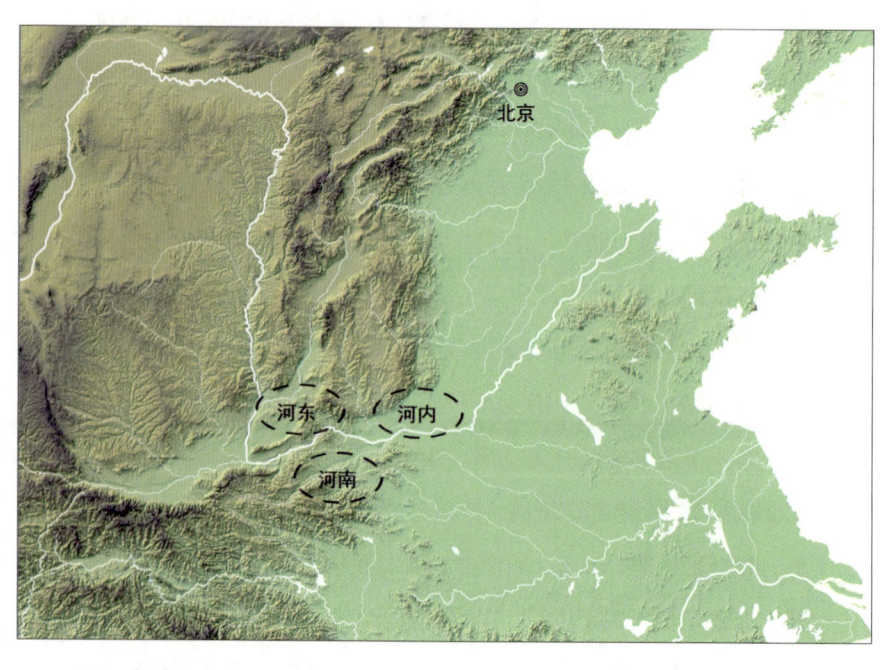

图9 "三河"为天下之中

"三河"地带之所以被司马迁视作"天下之中",诸"汭"自身的农业基础是先决条件,此外地区间的对比也是其中的缘由。那时人口稀少,劳动力不足,"三河"范围并不大,天下农耕区也没有相连成片,农田主要分布在城邑附近,远离城邑的地方或为游牧民族活动区域,或保持自然界的原生态面貌。《左传》中有这样一个故事,春秋时期,晋献公的两个儿子重耳和夷吾的封地分别在蒲与屈,蒲在今山西隰县西北,屈在今山西吉县东北。由于权位之争,两位公子为父所迫,都打算离开封地逃到白狄那里,后来重耳确实去了。狄人,应属于持畜牧生产方式为主的族群,他们就活动在蒲与屈附近,城邑以外的空间更多是他们的活动区域。这种农牧混杂、华夷混居的状况,不仅山西如此,河洛一带城邑控制圈以外的地方,也同样是大片荒野。正因为这时农耕区或人们的农业活动区域还没有连成片,因此常出现敌国军队深入境土很远,还没有被国人发现的事情。郑国商人弦高以劳军之名,挡住了入侵的秦国军队,这是为人所熟知的一段故事。秦国位在关中,郑国地处今河南西部,敌国大军远道入境,若不是巧遇弦高,竟无人得知,可见这时远离都邑的地方还是草莽原荒。这一时期地旷人稀,无论是为人称著的三河地带,还是其他支流环抱的河"汭",农耕区都呈岛状分布。

岛状农耕区的消失与黄河中下游地区被成片开发发生在春秋末、战国时期。在以大并小、以强凌弱的兼并战争中,春秋时期的齐、鲁、宋、郑、秦、晋等国及战国七雄中的魏、齐、秦、赵相继强大起来,这些国家大多在奖励军功的同时,积极鼓励人口增殖,发展农业生产,这一切大大促进了黄河中下游地区的经济发展。随着人口增殖，岛状农耕区逐渐消失，许多未被人类活动扰动的地区及游牧民族活动区域，相继被开发成农田。整个黄河流域经济发达区也不再限于"三河"一带，各诸侯国国都周围都形成了区域性的经济中心。以秦都咸阳为中心的关中地区，以齐都临淄为中心的山东中部，以魏都大梁为中心的豫中平原，以赵都邯郸为中心的太行山东麓地带，都以发达的经济而著称于史。

司马迁笔下"三河"为天下之中的时代属于夏、商、周三代，从那时又过了五百多年，进入战国时期，此时司马迁又提出"陶，天下之中"。陶，在那里？这是春秋时期曹国的都城，今天的山东定陶。春秋时期，在天下诸侯中，曹国并不是一个强国，并在公元前487年被宋所灭。后人对于曹国，能够记得住的事大概就是《左传》所载：晋公子重耳逃亡至曹国，"曹共公闻其骈胁，欲观其裸。浴，薄而观之"。据说，重耳肋骨相连为一体，曹共公为一睹以证其实，乃乘人淋浴而观之，无论如何这也不是一个体面的举动。然而，就是这样一个在春秋时期并非以其强而载入史册的国家，其都城却在司马迁笔下被再次纳入"天下之中"，这其中有着怎样的历史过程？

说到曹国都城——陶，从默默无闻到一鸣惊人，其中的缘由要归于运河。

提起运河，恐怕人们首先想到的是隋唐运河、元明清京杭大运河，那么与陶相关的运河是什么时代？这段运河的开凿者是吴王夫差，开凿的时间自然也是春秋晚期。春秋时期，吴、越是两个江南大国，且为争霸战争不断。公元前494年，吴王夫差率领吴国击败越国，并令越王勾践入吴为奴，这是一段大家并不陌生的历史。然而，仅在江南称霸，吴王夫差并不过瘾，他决定赴"黄池之会"，与中原霸主晋定公争霸天下。会盟之期在公元前482年，会盟之地在今河南封丘。吴国位于江南，吴王为了随行一并北上，采用南方水乡习惯，凭舟楫以通天下，从长江起步，首先开凿了连接长江、淮河的运河邗沟，从江至淮，循淮河北岸支流泗水继续北上，至中原水路断绝，吴王继续在泗水与黄河南岸支流济水之间，开凿了菏水这条运河，再由济水进入黄河，抵达封丘，顺利完成会盟。吴王开凿的运河菏水与济水相交之处，就是陶（图10）。

自从运河与陶相连接，便改变了陶的交通区位。陶原本并无重要道路经过，有了菏水之后，通过水路交通，西北方向通过济水进入黄河，东南由菏水、泗水进入淮河，继续向南就是长江下游，这样的交通区位可谓四通八达。这样的水路交通，为陶聚拢了天下物资、天下商机。司马迁《史记》中记载了这样一个人物——范蠡，这是当年追随越王勾践赴吴国为奴的大夫，后来勾践成功复国后，范蠡认为勾践属于只能共患难、不能共享太平的君主，为了避难，他驾轻舟，下五湖，一路北上，来到陶。司马迁文中的"朱公"就是范蠡，"朱公以为，陶天下之中，诸侯四通，货物所交易也。乃治产积居，与时逐，而不责于人"。由于善于经营，"十九年之中三致千金"。因范蠡这番成功的经商业绩，后世以陶朱公相称，并将其奉为商业业主。范蠡的成功在于个人能力，陶的交通区位优势自然功不可没。陶成就了范蠡，也成就了自身"天下之中"的地位。

范蠡的成功告诉我们，"陶，天下之中"，是为天下的商业中心。司马迁所在的时代，正是讨论农、商何为重的时代，诸多主张之中，司马迁属于重商一派，他曾用赞赏的口吻写道："用贫求富，

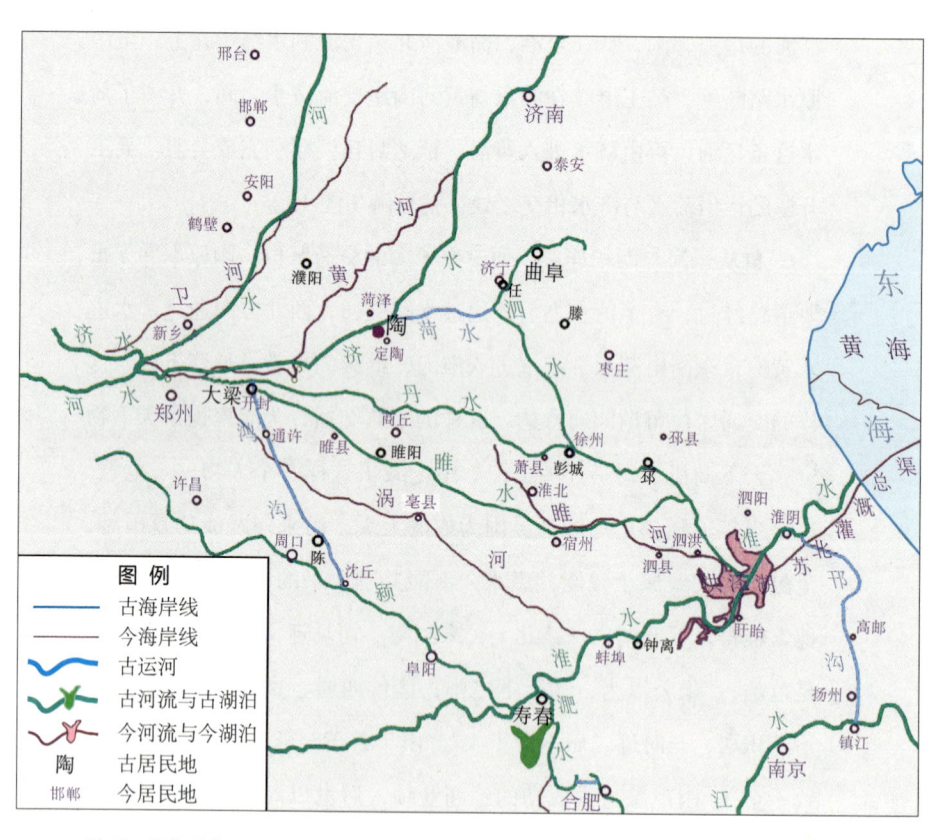

图10 陶与菏水

农不如工，工不如商。"司马迁强调致富、致大富，靠的就是"奇巧"，而不是本业。从商不但致富快，且很重要，"农而食之，虞而出之，工而成之，商而通之"。这是说，各行各业缺一不可，商业与其他行业具有同等地位。正由于司马迁认为商业在社会中拥有不可替代的作用，因而在讨论天下经济时，敏锐地将视角投向了"陶"这一在运河带动下获得商机的"天下之中"。

从"三河"为天下之中，到"陶"为天下之中，从农业带来的繁荣到商业焕发的昌盛，两个天下之中诠释的是黄河中下游地区几百年内经济发展走过的路径。春秋战国是一个百家争鸣的时期，正是如此，经济发展没有既定方针，也不存在一定之规，有"重农抑商"的秦国，也有"五业并举"的齐国，陶则是因菏水带来的机遇而兴起的商业中心。反观中国历史，建立在农业基础上的经济中心代代皆有，但依凭商业而崛起的天下之中却不多见，也许，这样的辉煌只有在春秋战国这样的时代才会产生。

若说后话，陶可谓成也运河，败也运河。汉武帝时期黄河于瓠子决口，大河南下，湮没了菏水，陶失去了促其繁华一时的交通条件，自此再度回归平凡。

# 都江堰与天府宝地

都江堰是中国著名的水利工程，两千多年来，这项水利工程润泽天府，造福民生，久远不衰，不但使成都平原成为沃野千里、旱涝无虞的天府宝地，而且工程本身也无愧于被称为中华文化的瑰宝。

都江堰位于四川省灌县境内，相传为秦昭王时（公元前276—公元前251年）蜀郡太守李冰父子在蜀人治水经验的基础上兴修的水利灌溉工程。

成都平原位于四川盆地西部，由岷江、沱江等河流冲积而成。岷江在灌县以上河段流经山区，因此至灌县时落差大、距离短，江水从山区进入平原流速高，且夹沙带石。在都江堰水利工程修建之前，平原上河网密布，川流交错，这些听起来十分优越的农业生产条件，却因岷江的洪水无拘无束、汹涌无羁而年年成灾。可以想象，那时的成都平原并非今天的面貌。"江水初荡潏，蜀人几为鱼。向无尔石犀，安得有邑居？"这是唐人岑参《石犀》一诗中描述的景象，虽然岑参不是战国人，但是唐朝留下的关于成都平原的记载比我们这个时代多，岑参的诗作是有感而发。"江水初荡潏，蜀人几为鱼"，描写的就是当年蜀人的困境，水患频繁，人的日子过的和鱼也差不多了。这样的水患，在李冰任蜀郡太守时彻底改变了，这就是《史记》所载："蜀守冰，凿离碓，辟沫水之害，穿二江成都之中，此渠皆可行舟，有余则用溉浸，百姓飨其利。"沫水就是岷江的正源。《华阳国志》载："冰乃壅江作堋，穿郫江、检江，别支流，双过郡下，以行舟船……又溉灌三郡，开稻田，于是蜀沃野千里，号为陆海，旱则引水浸润，雨则杜塞水门，故记曰：水旱从人，不知饥馑，时无荒年，天下谓之天府也。"

中国历史上从来不乏兴建水利工程的事例，其中与都江堰齐名的水利工程，如芍陂、漳河引水渠、郑国渠等，都曾凭借造福一方的成就而在历史中留名，但它们的辉煌只停留在历史时期，随着时间的流逝、岁月的推移，或早已湮没无存，或化为遗迹，留存在古人的记载与考古学界的探索中，唯有都江堰历经两千多年，不仅仍然保持着当年的光彩，造福于地方，且日新月异，迭有创新。面对都江堰水利工程创造的奇迹，我们不禁要问，都江堰工程究竟存在什么奥秘，且在两千多年中时进时新？

都江堰水利工程沿江自上而下，依次为百丈堤、都江鱼嘴、金刚堤、飞沙堰、人字堤、宝瓶口等部分，其中都江鱼嘴、飞沙堰、宝瓶口是整个工程中最重要的部分，都江堰所有的奥秘与智慧就在其中。

解读都江堰的奥秘，就从工程各个组成的功能开始。岷江进入灌县，都江堰工程通过鱼嘴将江水分为内、外二江，这就是《华阳国志》提到的郫江与检江，其中外江为岷江正流，内江则为灌溉、航运之用。都江鱼嘴为块石砌成的石埂，形状很像鱼嘴，因此得名。与鱼嘴相连的工程有百丈堤、金刚堤，百丈堤建在都江鱼嘴上流，作用是引导水流和防护江岸；金刚堤紧接鱼嘴两侧，分为内金刚堤与外金刚堤两部分。都江鱼嘴以及相接的百丈堤、金刚堤的修建，使外江成为洪水以及沙石的固定排泄通道，内江则直接将人们需要的灌溉用水引向平原上的政治、经济中心——成都（图11）。

由于内江是输送到平原的真正水源，所以都江堰工程的核心都作用在内江。岷江发源于万山之中，山高水急，上源河道平均比降为8.2‰，坡陡流急，径流与携带沙石量都很大。若都江堰工程单引水，不排沙，整个工程便很难持久，而利用飞沙堰，都江堰成功地解决了溢洪与排沙问题。

飞沙堰是内江分洪减淤入外江的工程，其中溢洪的功能是通过低堰实现的。飞沙堰溢流段长约280米，高约2米，为竹笼装石砌成的低堰，当岷江来水量达600立方米/秒，内江分流为340立方米/秒时，江水可全部引入宝瓶口用于灌溉；如内江来水量增大，超过500立方米/秒时，即有部分内江水流从堰顶溢入外江，流量特大时，洪水会把堰冲垮，直接泄入外江，确保内江灌区的安全。低堰溢洪的技术，类似于当代的滚水坝，水量正常时，低堰足能发挥作用，保证内江水量；洪水期，多余的江水则越过低堰进入外江。低堰是进入内江水量的调节器，有了这样的调节，任何季节，成都平原都不会因洪水而闹灾。

飞沙堰不仅具有溢洪功能，还可以解决排沙问题。一项水利工程能否长期使用，排沙减淤起关键性的作用。飞沙堰的排沙功能是通过堰址的选择实现的，水利部门进行的实地勘测告诉我们，飞沙堰的位置选在了河道的凸岸。自然界河道的形成受地球自转偏向力的影响，都是弯曲的，而弯曲的河道就存在凹岸与凸岸的差别。河水流动过程中，水分子运动并非直线，而是呈螺旋形运动，行至河流弯道，在离心力的作用下，底层水流不断由凹岸流向凸岸，底沙也随之流向凸岸，当飞沙堰排泄多余洪水时，泥沙便随水流一起甩入外江，起到排沙减淤的作用。

李冰修建都江堰，保障溢洪、排沙的措施并非仅此而已，他还采取了多次强化溢洪、排沙的工程措施，这一技术措施就体现在宝瓶口。宝瓶口是控制内江流量的咽喉，因形状像瓶口而得名，口左称玉垒山，口右称离堆山。相传宝瓶口未开凿之前，离堆是深入江心的山体，那时没有炸药，宝瓶口的开凿主要采取的是古代相沿的烧石开山法，即烧热石头，浇上冷水，利用热胀冷缩原理，制造裂石。烧石开山法是一项巨大的工程，通过这项工程开通了宝瓶口。宝瓶口作为都江堰水利工程的重要部分，主要功能在于与飞沙堰配合，增强溢洪减淤的作用。

宝瓶口增强溢洪减淤所采取的技术体现在宝瓶口、离堆与内江水流的位置关系中。从平面上看，岷江上游主流方向正对着离堆，与宝瓶口口门持有一定角度，发生洪水时，江水直冲离堆流泻而下，由于离堆的阻挡产生壅水效应，江水上涨，随后江水向左转，沿垂直方向流向宝瓶口，并在口门形成涡流，再一次产生阻水效应，进而继续抬高水位。经过两次抬升的江水，增大了通过飞沙堰的溢洪量，因此洪水期进入内江的水量越大，通过飞沙堰甩入外江的溢洪量也越大，在发生特大洪水时，80%的水流可以通过飞沙堰溢入外江，起到"水旱从人"的作用。

图11 《四川成都水利全图》，清光绪年间绘制

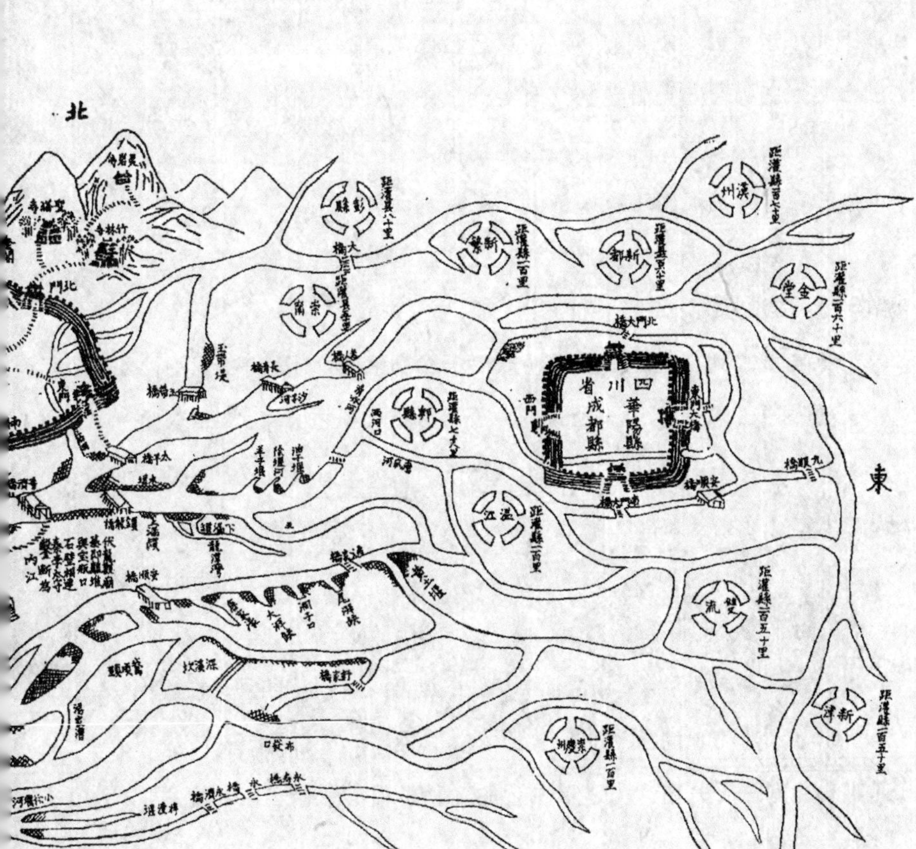
北
東
南
四川
華陽縣
省成都縣
彭縣
距灌縣八十里
新繁
距灌縣一百里
新都
漢州
距灌縣一百七十里
金堂
距灌縣一百六十里
郫縣
距灌縣七十五里
溫江
距灌縣一百里
雙流
距灌縣一百五十里
新津
距灌縣一百五十里
崇慶州
距灌縣一百里
北門大橋
西門
東門
南門大橋
九眼橋
安順橋

都江堰各部分工程在分流之后，最终达到了溢洪、排沙的整体效果，正是这样的效果，使都江堰在两千多年中始终发挥着灌溉作用。都江堰水利工程集智慧与科学技术于一体，分流只是工程的前提，飞沙堰位置与离堆位置的确定是其关键，而飞沙堰与离堆位置确定与这两项工程的作用是相辅相成的，这意味着两千多年前中国人已经意识到，河流弯道会产生离心力，当江水与前进方向上的障碍物呈直角相交时会产生壅水效应。而将这些科学原理应用在实践中，许多工程措施在当代也不过时，其中低堰溢洪排沙在今天的河道工程中依然不乏其例。自李冰父子主持工程修建之后，几乎历代在成都为官的官员都对都江堰的修缮与改进做出过贡献。

都江堰水利工程完成之后，造福于成都平原，让这里获得了"天府之国"的美称。古人所说的"天府"指天子之府库，只有物产丰盛、沃野千里之地，才拥有"天府"之实，而所有这一切都得益于都江堰。今天都江堰水利工程进入了一个全新的发展阶段，成都平原以灌县为顶点，以金堂、成都为底，呈三角形，面积达六千五百平方公里，包括灌县、郫县、崇庆、崇宁、彭县、新都、新繁、华阳、成都、金堂、温江、双流、新津、广汉十四县。在成都平原上，都江堰的灌溉面积从历史上的最高值三百万亩，扩大到如今的近一千万亩，为这项古老的水利工程谱写了宏伟壮丽的一页。

中国历史上留下的神奇与骄傲太多了，都江堰只是其中之一。都江堰的出现，成就了成都平原"天府之国"的地位，为川西营造了一片沃土。

我相信到过都江堰的人很多，作为游客关注的热点往往停在二王庙与跨江索桥上，其实这两处参观热点与都江堰工程本身无关，二王庙是后人纪念李冰父子之处，跨江索桥的用处只在于过江。工程的伟大与神奇，都在那些看似寻常的石块与江水所经之处，而这一切恰恰是被我们忽略的。

## 往日山东、山西与今日山东、山西

山东、山西为今日的两个省，按照地名命名惯例，两省之间应有一条山脉，就此界分东西。但是翻开地图，我们发现山东、山西之间还有河北省，那么界分两省的那条山脉呢？既然两省既不相邻，又无山为界，为何各称山东、山西呢？这是很多人都会产生的疑惑。其实今日的山东、山西并非往日的山东、山西，而往日山东、山西确实以山为界，那么，往日到今日发生的变化有着怎样的历史渊源呢？

提及往日的山东、山西，需从关中说起。关中得名于"形胜之区、四塞之国"的地理形势，八百里秦川，三面为山，一面为河，山河之间形成的交通道路，险要地带即成关口。关中，就是一处被众多关口包围其中的地带。而在众多关口之中，通向东方的函谷关最为重要。

函谷关位于今河南灵宝市境内，那是一处夹在黄河与崤山之间的狭窄孔道，南面为崤山，北面是黄河。大约商周时期，这山河之间的险要地带就设置了关口。函谷关设关之后，不仅成为东西往来的必经关隘，而且由此界分出了关东、关西，以及山东、山西。若以函谷关为界,关口以东地带为关东,关口以西地带是关西;若以崤山为界,则崤山以东为山东,崤山以西属山西。就地理范围而言,函谷关与崤山对应,关东与山东对应,关西与山西对应,因此,在古人话语中或用关东、关西,或用山东、山西,两者之间对应的地理空间是等同的。那么,那时的山东包括哪些地区呢?以今天各省而论,山西、河南、山东的全部,以及河北的大部分都在其中。而山西则指关中地区,即今天的陕西省中部。那时界分山东、山西的山是崤山,于是我们可以在《史记》中看到这样的话语:"苏秦约从山东六国兵攻秦。"《史记》中提及的山东六国,指的就是位于崤山以东、战国七雄中秦以外的齐、楚、燕、赵、魏、韩。《汉书》中有云:"秦汉已来,山东出相,山西出将。秦将军白起,郿人。"秦将白起,位列战国四大名将之首,家乡在郿县,而郿县位在关中,属于陕西。

崤山与函谷关的对应关系,往往在古人话语中体现为"崤函"并列使用,贾谊《过秦论》开篇之处的"秦孝公据崤函之固"即是一例。

固然,古人话语中,山东、山西在地理空间上成东西并列的两片,但事实上这两片土地大小差异悬殊,山西所在的关中只有三万多平方公里,而山东则是天下的核心所在,正是如此,从关中通向东部的函谷关在众关之中最为重要,发生在这里的故事也最多。

那些故事中,当属"鸡鸣狗盗"最为著名,相关的人物和内容就记载在《史记》中。战国时期著名的四公子分别是齐国的孟尝君、赵国的平原君、魏国的信陵君、楚国的春申君,他们都有显赫的家世、智慧、才华、为人信誉等,由此被称为"四公子"。"鸡鸣狗盗"的故事就与齐国的孟尝君相关。

我们不妨回顾一下故事的主要情节。孟尝君是齐国负有盛名的贵公子，一次他奉命作为外交使者出使秦国，秦昭王和手下早就听说过孟尝君是个贤才，他们见到孟尝君后立刻确认，传说都是真的，孟尝君确实是一个极富才华与智慧、卓尔不凡的人物。于是有人就对秦昭王说，这样一个人物，我们若轻易把他放回去，对秦国来讲岂不是一个重大的威胁吗？我们能不能设法把孟尝君留在我们秦国呢？昭王一想，有道理，如果他回到齐国，为齐王所用，一定会对秦造成威胁。孟尝君听到这样的消息，当然不想留在秦国，那他怎么办呢？

战国时代，贵公子们有一种习惯——养很多门客，门客们有各种各样的技能，比如有人善武，有人善文，在这些贵公子或政治人物有需求的时候，发挥他们的作用。那时，被困在关中咸阳的孟尝君就面临着这样的需要，于是门客告诉他，秦昭王身边有一个宠姬，如果能说动她，给昭王吹吹枕边风，问题就解决了。孟尝君就去拜会这位宠姬，女子答应得很痛快，但是有一个条件，她说，你见秦王的时候，送给他那件白狐袍子我很喜欢，你再给我一件，我就给你说好话。孟尝君就带了一件白狐袍子，没有第二件，如何是好。这时，门客中的一位挺身而出说，这事儿包在我身上。这个门客没有文韬武略，但擅长偷窃，于是悄悄潜入秦宫，把袍子偷了出来，再由孟尝君献给那位宠姬。果然，一切如愿，秦王决定放孟尝君回齐国。

孟尝君得到这个消息后非常高兴，赶紧获取了出关公文，连夜奔向东边的函谷关。走到函谷关的时候天还黑着，按规定守关将士

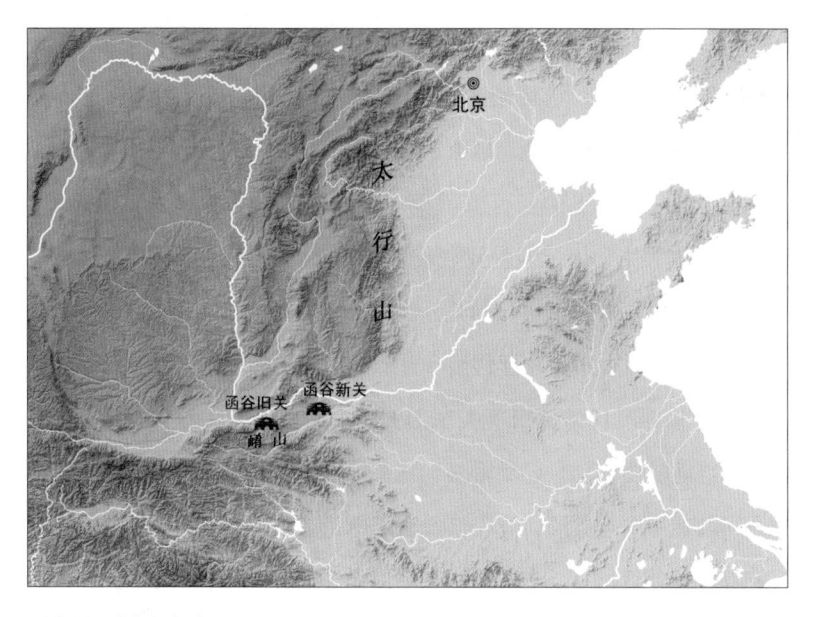

图12 山东与山西

要天亮鸡叫时才能开门,但孟尝君很着急,他怕秦王反悔。这时,手下门客中又有一人站出来,此人会学鸡叫,相当于今天的口技。果然,他那几声鸡叫学得着实逼真,周围的鸡也纷纷随之齐声高唱,守门的将士听到鸡叫以为即将天明,就把城门打开了。孟尝君一行冲出关门,一路狂奔。不出所料,孟尝君离开函谷关不久,秦王便反悔了,但孟尝君已经离开秦国地界,这时再追也没有用了。孟尝君用鸡鸣狗盗之技,成功逃脱秦国。由此,鸡鸣狗盗这微末之技被载入史册,函谷关的存在也因而深入人心。

战国时期,崤山成为山东、山西之界,到了西汉中期,界分山东、山西或关东、关西的界限有了改变,这件事起于杨仆。对此,

《汉书》中有这样的记载：汉武帝元鼎"三年冬徙函谷关于新安"。针对这件事，东汉人应劭注曰："楼船将军杨仆，数有大功，耻为关外民，上书乞徙东关，以家财给其用度。武帝意亦好广阔，于是徙关于新安，去弘农三百里。"原来，将军杨仆拥有大功，汉武帝决定封他为关外侯，但是他"耻为关外民"，请求皇帝移关，他好做个关内人。最不可思议的是，汉武帝竟然答应了杨仆的要求，将函谷关从今灵宝市向东迁移至一百四十多公里外的新安县（图12）。

冷兵器时代的关口事关军国大事，尤其函谷关这样的险关要地，岂能随便移动！仔细推敲，移关恰恰在汉武帝的计划之中。这一问题在历史学界的研究中已经有了结论，汉武帝为了加强中央政府直接控制区的实力与空间，于元鼎年间推行"广关"政策。"广关"就是将关中的传统空间向四方扩展，通过这一举措，不仅函谷关东移，同时关中的东北界也由以临晋关（即蒲津关）为标志的黄河一线，向东推进至太行山一线。与关中东界的移动同步，其他关口位置也都做了移动[1]。了解了移关的真相，再回到杨仆不愿意做关外人的请求，我们不免怀疑，杨仆就是汉武帝为了实现"广关"而安排的"托"。

汉武帝"广关"之后，太行山是否成为山东、山西的分界？《汉书》中的一段记载对于了解这一问题十分有意义："（汉成帝阳朔二年）秋，关东大水，流民欲入函谷、天井、壶口、五阮关者，勿苛留。"[2] 此时的函谷关已从今河南灵宝市东迁至新安县，而天井、

---

1 辛德勇：《两汉州制新考》，载《秦汉政区与边界地理研究》，中华书局，2009。
2 《汉书》卷一〇《成帝纪》。

壶口、五阮关均位于太行山上，流民从关东入函谷等关。这意味着关东仍指函谷关以东地区，只不过此时的函谷关已经东移，于是函谷新关与太行山构成的共同界限，成为关东、关西，以及山东、山西之界。正是如此，汉武帝之后再谈及山东、山西，界分两地之间的山脉就是太行山了。这一地理界限就此形成，并为后世继承。宋人文谠为唐人韩愈诗句"衔命山东抚乱师"作注曰："自太行而东皆谓之山东。"[1]即太行山为山东、山西之界，此时山东属于太行山以东地区，包括今天的河北、山东，而山西则包括今天的陕西、山西等地。显然，自汉武帝"广关"之后，尽管界分山东、山西的山有了变化，但以山为界的实质没有改变。

何时山东、山西无山为界了？南宋王十朋为北宋苏轼的诗句"半掩落日先黄昏，削成山东二百郡"作注称："杜牧云：山东王不得不王，霸不得不霸，指今之河北也，谓之山东，盖太行山之东也。"而"今所谓山东，乃古之齐地，青、齐是也"[2]。这是说，在唐代山东尚指太行山以东河北一带，而时至南宋与金南北对峙时期，山东已向东推至青、齐之地，即今山东。既然如此，又是什么原因令山东、山西无山为界了呢？这样的变化源于金代设立山东东路、山东西路这两个以山东为名的一级行政区，这时的山东两路全与山无关。从金代与山无关的山东，沿承至明清两代为山东布政使司，再到后来就是今天的山东省，近千年来，山东、山西不仅无山相

---

1 [宋] 文谠《详注昌黎先生文集》卷一〇《镇州路上奉酬裴司空相公重见寄》载："衔命山东抚乱师，日驰三百自嫌迟。风霜满面无人识，何处如今更有诗。"【补注】自太行而东皆谓之山东云。

2 [宋] 王十朋：《东坡诗集注》卷八《雪浪石》。

界，且隔河北相望。

　　站在历史的角度回顾山东、山西地理概念的变化，凭借函谷旧关界分关东、关西或山东、山西，是以关中为"根本之地"，突出军事战略的结果；而以函谷新关与太行山划分山东、山西则更多考虑的是政治控制；至宋、金时期，山东退至青、齐之地，既失战略根本之地，又失政治控制之意，最终成为与"山东"地理内涵无关的行政单元。

## 何谓东西

"骏马秋风冀北，杏花春雨江南"，为画家徐悲鸿所作、经吴冠中改动的一副对联，寥寥两笔便将中国西北、东南大地的风光勾勒得传神入画。大约就在这副对联写就的那些年，地理学家胡焕庸用另一种方式表达了中国的东西之别，这就是"胡焕庸线"。"胡焕庸线"也称瑷珲—腾冲线，线的两端分别对应着黑龙江瑷珲（今黑河市）与云南腾冲。以此线为界，线东南占中国国土面积的43.8%，却生活着94.1%的人口，这里的经济生产以农耕为主；线西北人口密度极低，56.2%的国土上，人口只在全国占5.9%，游牧生活是这里的主旋律。胡焕庸用地理学家的视角，观察到了与画家笔下同样的风光。

如果说"胡焕庸线"是20世纪三四十年代，界分中国东西的一条人文地理界限，那么两千多年前司马迁在《史记》中也划出了一条东西之界。司马迁同样以社会经济为考量标准，将天下划为山西、山东、江南与龙门—碣石以北四个区域，其中山西、山东、江南均为农耕区，物产或为谷，或为布，或为丝苎，或为鱼盐，唯有龙门—碣石以北所产为"马、牛、羊、旃裘、筋角"。龙门—碣石一线，就是两千年前的中国东西之界，龙门位于今陕西韩城市，碣石在河北昌黎县。从司马迁所在的时代，又过了一千多年，10世纪初，契丹人在西拉木伦河流域建立了辽王朝，二十四史中的一部《辽史》记述了契丹人视角下的地区差异："长城以南，多雨多暑，其人耕稼以食，桑麻以衣，宫室以居，城郭以治。大漠之间，多寒多风，畜牧畋渔以食，皮毛以衣，转徙随时，车马为家。"这次，辽人用以标定区域的界限是长城，辽、宋之间没有修长城，唐代也没修长城，因而此处作为界限的长城最有可能是北朝长城。北朝长城从北魏、东魏、北齐陆续修筑，若将其联为一体，大体成Y型分布：一条循阴山山脉经五原、固阳、武川、集宁、张北，连接燕山南麓，抵河北抚宁；另一条沿太行山在居庸附近汇入燕山南麓，长城南北同样有着"耕稼以食"与"转徙随时"的农牧之别。

从司马迁到胡焕庸，两千多年，界分东西的这条界限无论怎样确定，有一个事实是共同的，那就是在界限东西两侧，农牧这两种生产方式始终没有改变。两千多年中，历史舞台上不知发生了多少惊天动地的巨变，东西两片土地上的人们却用不变的生产方式走过了时光岁月。于是，一个问题呈现在我们面前，东西界限背后是否存在起决定作用的力量？当代地理学告诉我们，中国大地上有一条隐形的界限，这就是年降雨量400毫米等值线。"雨露滋润禾苗壮"，农作物需要灌溉，年降雨量400毫米等值线以东、以南的东南之地，降雨能够满足农作物生长需要，北方旱地、南方水田都分布在这里。与此相对，这条降雨量线以西、以北，却因降雨量稀少而气候干旱，除有水灌溉的黄河河套与祁连山、天山脚下的绿洲，很难发展农业。与农业面对的困境不同，西部成为畜牧业的天堂。

当代科学诠释的理念古人未必明了，但置身其间，他们清楚地感觉到了东西之间人与地的差异。若仔细推敲，无论司马迁的龙门—碣石一线、《辽史》中的长城南北，还是胡焕庸的瑷珲—腾冲线，貌似其间有别，但根本都建立在共同的降雨量基础上。

司马迁的龙门—碣石一线也好，"胡焕庸线"也罢，界限东西，各为农、为牧，界限本身自然就是农牧交错带。农牧交错带，这是我们并不陌生的概念，今人通过大量观测数据划定了这一地带，古人则是在生产活动的摸索中意识到它的位置。何以为证？翻开当代地图，我们会看到，明长城几乎就落在年降雨量400毫米等值线上，两者之间的惊人吻合说明了一个问题，古人清楚地知晓农牧交错带的位置，正由于如此，他们才将长城这道防御工程设在这里（图13）。

当代地理学告诉我们，农牧交错带不仅是农牧两种生产方式交错分布的地带，也是生态脆弱地区，但凡在这一地带发生非理性开发，都会引发严重的环境后果，而全球变化导致的任何波动，都会在这里产生明显的反应。那么，这份通识之外，农牧交错带在中国大地上还有其他的意义吗？

"青海长云暗雪山，孤城遥望玉门关。黄沙百战穿金甲，不破楼兰终不还。"这是唐代诗人王昌龄的边塞诗作，千余年来一直为人所传诵。尽管历史上发生在边塞的那一幕幕战火硝烟早已远去，但只要提及与开疆拓土相关的那些人与那些事，仍会让人热血沸腾。然而，很少有人注意，那些烽火狼烟、金戈铁马的古战场为什么总在西部。摊开地图，一个清楚的地理地带呈现在我们面前，这就是年降雨量400毫米等值线所在之处，即中国北方农牧交错带。

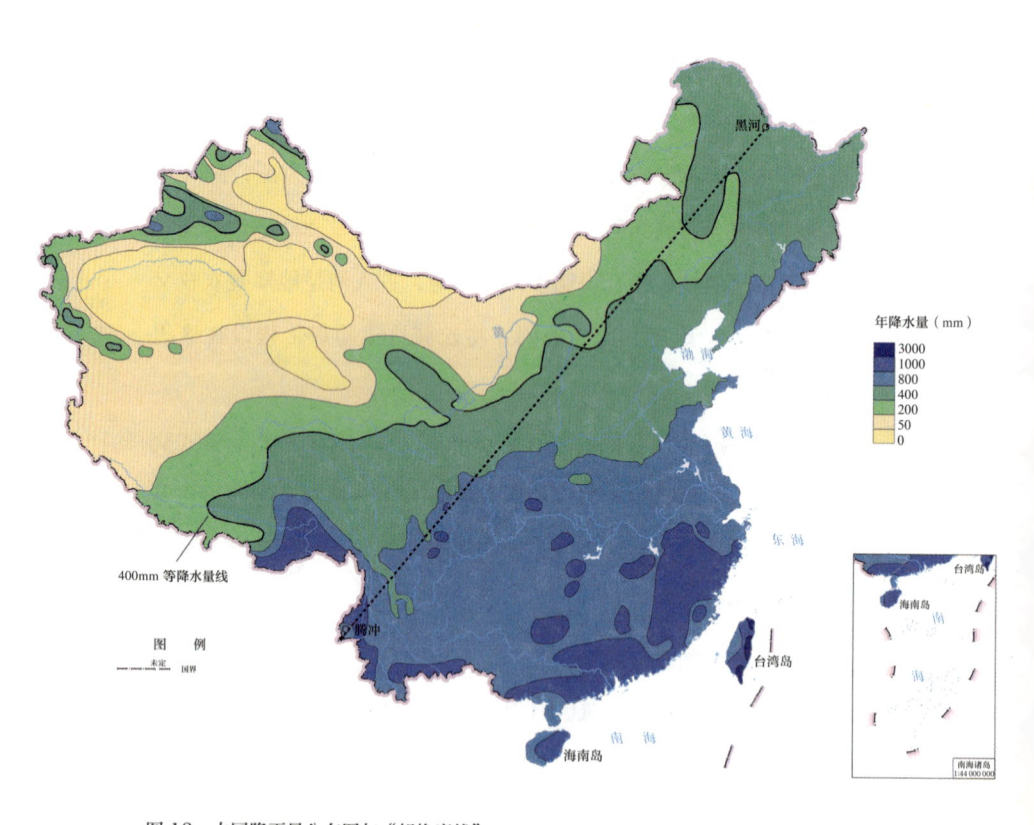

图 13 中国降雨量分布图与"胡焕庸线"

降雨量制约着人类的经济生活方式,年降雨量400毫米是农业生产的底线,从年降雨量400毫米等值线向西、向北,气候越来越干旱。在这片深处欧亚大陆腹心的土地上,仅有小片绿洲地带可获得高山冰雪融水的滋润,广大的高原山地没有农耕生产的条件,而成为畜牧业的基地。在农业与畜牧业之间,耕作在土地上的农民,面对着驰骋在马背上的草原民族,貌似并不具备优势的定居生活却成为守疆固土的法宝,即使在国力最弱的王朝,国家坚守的疆域底线不是军事要塞与锁钥之地,而是农业生产能够持续进行的地带——年降雨量400毫米等值线,这条线既是中原王朝守疆固土的底线,也是新生疆土拓延的起点。

清以前的各个王朝,周边民族的族属虽然不同,但中原王朝与周边民族互有进退的土地之争与文化交融,始终没有离开农牧交错带。农牧交错带既是新生疆土的增长点,也是疆域内缩的终止线,今天我们看到汉唐盛世的版图,总会激动不已,但理性地看待这个问题就会发现,历史上多数王朝的版图,并没有停留在开疆拓土的盛期,疆域延伸只是一时间的状态,不能代表整个王朝统治时期的情况。就说东汉时期对于西域的经营,班超投笔从戎、万里封侯,是一件为历代传颂且彪炳青史的佳话,但从公元73年班超出使西域到91年任西域都护,以及此后两任继任者坐镇,再至107年西域都护撤任,共三十四年。这三十四年可以看作东汉政权掌控西域的时期,时长在东汉王朝195年的历史中仅占六分之一,随着西域都护的撤销,西域再次陷入匈奴人控制之中。再看唐代,《新唐书·地理志》载:"开元、天宝之际,东至安东,西至安西,南至日南,北至单于府。"这描绘的是唐代版图最大时期疆域的四至,此后随着"安史之乱"爆发，盛极一时的唐王朝江河日落，西域先后为回纥、黠戛斯、吐蕃控制，至张义潮收归河西之前，河西走廊及其以西地区几乎不为唐王朝掌控。东北契丹、奚等民族也脱离了唐王朝，916年，契丹首领耶律阿保机建立了辽王朝。10世纪初，交州土著势力渐大，脱离唐王朝统辖自称节度使，939年，吴权称王，彻底脱离中原政权。开元、天宝年间的盛唐版图至晚唐时期几乎四边皆失，《新唐书·地理志》记述的安东、安西、日南以及单于府均不为唐王朝所属。中原政权疆域的不稳定性主要缘于农耕民族与非农耕民族力量的此消彼长，而经济生活方式不同的两类民族，背后是自然环境的差异。正是因为自然环境的差异，无论农耕民族还是非农耕民族，要跨越自身熟悉的生存环境，均需付出很大的努力，双方的拉锯之地就在农牧交错带。

  清朝面对的疆域形势不仅与以往中原王朝完全不同，与元朝也不一致。蒙古人进入中原之前已经拥有了西边、北边的土地，在此基础上推行了由外及内的领土路线，而满洲人只拥有东北，整个内地及其他各边均不在控制之内，故仍然采取由内及外的领土路径，但与前朝不同的是，清人在北边采取了联蒙政策。16世纪，蒙古分为漠南、漠北（即喀尔喀蒙古）、漠西（即卫拉特蒙古）三大部，清人入关前已经与漠南蒙古建立了连属关系，漠北喀尔喀蒙古也归附在清人统辖之下。至17世纪末，内外蒙古全部归于清版图内。南、北两部蒙古的归属，将农牧交错带融于境土腹心的同时，也将疆域向北延伸至贝加尔湖南岸，向西抵达西域。西部蒙古即卫拉特蒙古，游牧于天山南北，其中准噶尔部势力最强且不断侵扰漠南、漠北两部蒙古，并与境外势力建立了联系。针对西北边疆危机，清廷于康熙、雍正、乾隆三朝陆续发兵,平定了准噶尔与回部大小和卓势力,统一了西域。就地理意义而言,清王朝针对蒙古准噶尔部以及回部大小和卓的系列战役,其争夺的空间早已逾越了农牧交错带,而推至中亚草原的边缘。中国历代王朝不乏将境土扩展到中国北方农牧交错带以西、以北的事例,其中汉唐两代拓土西域尤其为历代称颂,但在此必须说明一个事实,即清以前的各王朝,对于年降雨量400毫米等值线以西、以北地区都没有持续而稳定的获取,王朝国力强盛时期拓土西北,国力衰微即固守农牧交错带。只有清朝的军事行动不仅突破了这条农耕民族守疆固土的底线,将疆土延伸至中亚草原,而且稳定、持续地拥有了这片土地,并在光绪年间设立新疆巡抚,将其置于与内地等同的管理系统之下。

必须承认,几乎很少有人意识到清初康、雍、乾三世对西北军事行动的重大政治地理意义。是法国学者儒勒·格鲁塞(René Grousset)在他的名著《草原帝国》中清楚地指出,这一切对于中国疆土意味着什么:

> 乾隆皇帝对伊犁流域和喀什噶尔的吞并,标志着实现了中国自班超时代以来的18个世纪中实行的亚洲政策所追随的目标,即定居民族对游牧民族、农耕地区对草原的还击。

格鲁塞提及的班超时代,距今一千九百余年,事实上还可以向前追溯一百多年至汉武帝以及郑吉时代。近两千年的历史进程中,农耕民族以北方农牧交错带为基点,将疆土拓展的目标伸向草原。而经历了多次反复,最终跨过农牧交错带,将帝国的疆土实实在在锁定在伊犁河流域和喀什噶尔地区的,不是汉、唐,而是清朝前期康熙、雍正以及乾隆三位帝王所在的时代,并由此划定了泱泱大国的基本版图。

农牧交错带界定东西,又以此为核心将东西融为一体。自清朝乾隆年间至今,中国大地上只有自然地理的东西分异,再无政治归属的东西之别。无论东西,各个民族的融合,营造了我们脚下的土地与头顶上的蓝天,共铸中华大地。

# 秦统一的地理基础——关中

两千多年前，秦人完成了天下统一，大秦帝国横空出世。回顾这段历史，至今仍然让人热血偾张，两千年中，还有很多关于秦兴、秦亡的讨论，政治、军事、法律等方面，都不乏论述，而我们的视角却是地理。

贾谊的《过秦论》道："秦孝公据崤函之固，拥雍州之地……"开篇直指地理，而雍州之地正是关中。在秦统一的大战略中，地理不只是山在哪儿、水在哪儿，而几乎成为决定统一进程的关键因素。

讨论这一问题前，我们不妨回顾一下起步于关中的那些战事。当中国历史进入国家阶段，具有真正政治与军事意义且起步于关中的战事，不断进入我们的视线。周人克商、秦始皇统一天下、楚汉之争、北周灭北齐，乃至隋、唐王朝的建立，这一系列王朝的更迭，均属于来自关中的政治集团取代东部政治集团的历史大事件。王朝的更迭与政治集团的交替原本是历史进程中的常情，然而令后人关注的是，不仅胜者来向均起步于关中，且几乎都是曾经的弱者。《史记》中有记载，周武王"率戎车三百乘，虎贲三千人，甲士四万五千人，以东伐纣"。而"帝纣闻武王来，亦发兵七十万人距武王"[1]。周武王以少胜多，凭借不足五万人进击商纣王七十万人马，进而赢得以周代商的伟业。秦人先祖非子本居于犬丘，因善于养马而被周孝王封为"附庸"，公元前770年护送周平王东迁，再被封为诸侯，并率部从陇右迁居关中，但由于国弱兵衰，商鞅变法之前始终被关东诸侯视作戎狄。然而，就是这样一个偏居于西部的国家，后来战胜了拥有十倍之地、百万之师的关东诸侯，统一了天下。此后不久，刘邦入关中时属下不足十万，而项羽则率诸侯军四十余万入关，如此悬殊的力量对比，楚汉相争的结果却是刘邦赢得了最后的胜利。北周与北齐相比，仍是齐强而周弱，北齐不仅人口众多、国力强盛，且拥有一支规模远胜于北周的军队，双方对峙，最后的赢家却是北周。回顾历史，固然政治律令、军事谋略、民心人望始终左右着这些事件的发展，但这些起步于关中的政治力量却在劣势之下，最终以弱胜强，赢得了军事上的胜利，这其中究竟还有什么力量发挥着作用？

既然所有这些起步于关中的战事不但获胜，且以弱胜强，那么关中自然成为探讨问题的关键。克劳塞维茨（Karl Philip Clausewitz）在《战争论》中提到：

> 一支军队出战，不论是进攻敌人的军队或战区，还是到本国的边境设防，都必须依赖这个地方，必须同这个地方保持联系，因为它是军队存在的条件。军队人数越多，对它依

---

[1] 《史记》卷四《周本纪》。

赖的程度就越深，范围就越大。

"这个地方"就是作战基地，其价值在于为作战部队提供后勤给养与兵源。作战基地与我们熟悉的根据地具有相似性，均具有战略后方的意义，它不是仅仅服务于一次或几次战役，而是面对长久的战争，且具备政治稳定立足的条件。但是，一场战事，无论作战基地还是根据地，均不止一处，而中国古人提出的"根本之地"则是唯一的。明末清初的文人魏禧在为顾祖禹《读史方舆纪要》撰写的总序中，将与军事有关的地形分为"根本之地"与"起事之地"：

> 有根本之地，有起事之地。立本者必审天下之势，而起事者不择地。

"根本之地"与"起事之地"拥有完全不同的军事价值，"起事之地"随处可寻，"根本之地"却是审度天下后的抉择。清人曾国藩对"根本之地"有进一步的诠释：

> 自古行军之道不一，而进兵必有根本之地，筹饷必有责成之人。故言谋江南者，必以上游为根本；谋西域者，必以关内为根本。[1]

---

[1] [清]曾国藩：《曾文正公奏稿》卷二七《通筹滇黔大局折》。

显然，"根本之地"与筹饷相关，即具有为作战部队提供物资补给的功能。那么除此之外，就"根本"而论，是否还有更深的含义呢？"根"与"本"最初均指树木之根，引申出来就是政权、国家的政治立足之地。这样的地方不仅可以持续不断地为作战部队提供物资保障与兵源，还是政权的核心之地、根本所在，关中平原就是这样的地方。

关中拥有的地理优势，早已体现在古人的讨论中。战国时期，纵横家游说列国，苏秦说秦惠王曰："大王之国……东有崤、函之固。田肥美，民殷富，战车万乘，奋击百万，沃野千里，蓄积饶多，地势形便，此所谓天府，天下之雄国也。"[1] 张仪为秦破合纵提倡连横，说楚王曰："秦地半天下……被险带河，四塞以为固。"[2] 秦亡，项羽进入关中之后，韩生说羽曰："关中阻山带河，四塞之地，肥饶，可都以伯。"而项羽因"秦宫室皆已烧残，又怀思东归，曰：富贵不归故乡，如衣锦夜行"。舍弃立本之地而东去，故韩生留下如此话语："人谓楚人沐猴而冠，果然。"[3] 刘邦也是楚人，打出汉中、北定三秦后，赢得楚汉之争，西汉王朝的国都究竟放在洛阳、荥阳，还是关中，举棋不定之时，谋士给予刘邦的建议几乎与韩生所言相同。娄敬对刘邦说："夫秦地被山带河，四塞以为固，卒然有急，百万之众可具也。因秦之故，资甚美膏腴之地，此所谓天府者也。陛下入关而都之，山东虽乱，秦之故地可全而有也。夫与人

---

1 《战国策》秦策一《苏秦始将连横》。
2 《战国策》楚策一《张仪为秦破从连横》。
3 《汉书》卷三一《项籍传》。

斗，不搤其亢，拊其背，未能全其胜也。今陛下入关而都，案秦之故地，此亦搤天下之亢而拊其背也。"[1] 张良也有同样的话语："洛阳虽有此固，其中小，不过数百里，田地薄，四面受敌，此非用武之国。夫关中左殽函，右陇蜀，沃野千里，南有巴蜀之饶，北有胡苑之利，阻三面而守，独以一面东制诸侯。诸侯安定，河渭漕輓天下，西给京师。诸侯有变，顺流而下，足以委输。此所谓金城千里，天府之国也。"[2]

无论战国，还是秦汉，几乎所有谋士对于关中地理的认识都是共同的。这些谋士们本着谋国、谋天下的立场，对于关中地理重要性的讨论集中于两点：

其一，"被山带河，四塞以为固"的地形。

关中平原位于陕西省中部、秦岭以北的渭河冲积平原上，西起宝鸡，东至潼关，东西长约360公里，南北长20～100公里，这就是古人所说的八百里秦川。关中南有秦岭，北为黄土丘陵山地，南北山地合拢于西部，东有黄河，中部为平原。冷兵器时代，山地、河流都是天然的军事屏障，而关中正好拥有得天独厚的"被山带河"的地理形势。

何谓关中？平原与山地结合之处的山间谷地，往往成为来往通道，并设有关隘，众多关口之"中"，就是"关中"的取意。关中四周的关口，最为重要的有东部的函谷关（今河南省灵宝市）、蒲津关（今山西省永济市）、武关（今陕西省丹凤县），西部的萧

---

[1] 《汉书》卷四三《娄敬传》。
[2] 《史记》卷五五《留侯世家》。

关（今宁夏回族自治区固原市），南部的大散关（今陕西省宝鸡市）、子午关（今陕西省西安市长安区），以及北部的金锁关（今陕西省铜川市）。被如此众多关口包围其中，这里自然获得了"关中"之称。

关中如此"被山带河，四塞以为固"的地形，正合古人理念中"形胜之区、四塞之国"的地理特征。"形胜"与"四塞"是冷兵器时代的易守难攻之地，"形胜"之地凭借地形对外出击、对内自保，均具备优势。

其二，"金城千里，天府之国"的物产。

何谓"天府之国"？即因土地肥沃、物产丰富，而含天子府库之意。关中平原堆积着由渭河、泾河冲积而成的深厚沃土，加之渭河、泾河等灌溉之源，在以农业为本的古代社会中极尽地利之势，故《禹贡》分天下为九州，九州中土壤居于第一的上上等，便是关中所在的雍州。这一得天独厚的资源特征，使关中成为古代中国北方难得的沃土，直至晚近，关中一带仍然流行"姑娘不对外"的习俗，即生在这样富庶之地的姑娘绝不会外嫁到其他地方。

纵览天下，在地形与物产方面，同时具备自保与自足双重优势的，非关中莫属，这就是顾祖禹所说的"根本之地"。

关中的地理优势使其成为中国历史早期成就天下霸业的起步之地，西汉文帝时期，儒生贾谊的名作《过秦论》开篇即点明："秦孝公据崤函之固，拥雍州之地。"凭借这样的地理基础，面临山东诸国"以十倍之地，百万之众，叩关而攻秦"的危险局面，尽管"秦人开关延敌"，但"九国之师"却"逡巡而不敢进"。于是，"秦无亡矢遗镞之费，而天下诸侯已困矣"，只弄了个"从散约败，争割地而赂秦"的结果。随后，"秦有余力而制其弊，追亡逐北，伏尸百万，流血漂橹；因利乘便，宰割天下，分裂河山。强国请服，弱国入朝"，最后完成了统一天下的伟业（图14）。

继秦之后，刘邦同样凭借关中的地理基础赢得了汉家天下。楚汉之争的作战之地不在关中，根据地却是关中。西汉开国后，论及各路功臣，刘邦认为萧何功居首位。与那些浴血奋战、攻城略地的将军相比，萧何虽然无一城一地之功，但在兵源、粮饷供给方面却做出了重大贡献。"汉王与诸侯击楚"，相持五年，损兵折将，多次轻身逃跑，萧何驻守关中，不等刘邦下令，即从关中派军队补充兵源，济汉王于困境之中。这段话是说，汉与楚在荥阳相守多年，军中存粮不足，萧何屡屡从关中转运粮饷，救刘邦于乏绝之时。虽然刘邦多次丢失山东，但萧何却常保全关中，以待刘邦回归[1]。楚汉之争中，萧何的济困救乏之功成功地表现了他的治国才能，但关中之地"四塞之国、易守难攻"的地势与"天府之国、物产富足"的物资保障，才是萧何施展才能的地理基础。无论秦、汉的发迹，还是起步于关中的其他重大历史事件，均没有脱离这里"根本之地"的地理优势。

无疑，关中地区具有"根本之地"应有的地理优势，但是，是否能够成为根本之地，自身拥有优势的同时，"立本者必审天下之势"，这意味着根本之地还需要具备相对于其他地方的比较优势。农业是传统社会的立国基础，战国时期商鞅以"武爵武

---

[1] 事迹见于《史记》卷五三《萧相国世家》。

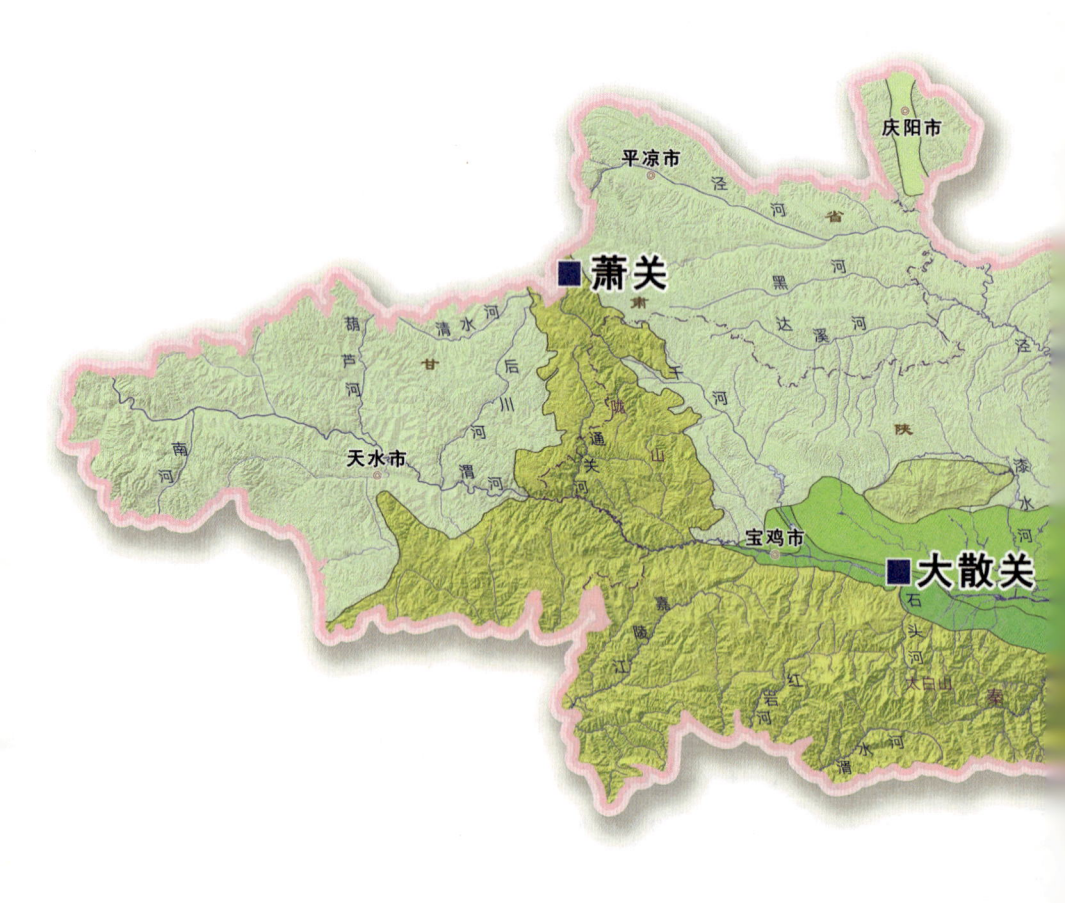

图 14　关中地形图

081

任""粟爵粟任"为核心的变法，使不为山东列国看重的秦国一跃成为强国。然而，这时的秦国要完成统一天下之举，若仅靠自身的地理优势，只能做到守本，而起事则需要运用天下之势。如何运用天下之势，采取什么样的政治、军事谋略就成为关键性的因素。战国时期伴随秦人的崛起，两个立场不同的政治联盟相继出现，以苏秦为代表的一派首倡合纵，继此之后，张仪再倡连横。所谓合纵，即为合众弱以攻一强，而连横则为事一强以攻众弱。结盟的对象与目的不同，结果也大有区别。加入合纵之中的盟国，抗秦只是其中的目的之一，更大的目标在于通过联盟获取自己希望求得的利益，一致抗秦仅是暂时之举，内部争斗则处于主流，故那时的谋士曾对山东国君说过这样的话，若两只野兽知道老虎逼近自己，绝不会再继续厮杀了。如今山东诸国的国君却没有意识到秦国威胁到自己，仍然争斗不止，且两败俱伤，连野兽的智力都不如[1]。连横与此不同，联盟的利益核心是秦国，无论盟友是否更移，核心利益都不会改变，因此在山东诸国"从散约败"的时候，连横始终存在，即秦国从来没有失去过追随者，且通过破坏对手的联合，将自己追随者的土地变成对手联盟的障碍，甚至借追随者之力达到了削弱对手力量的目的，其性质与当代的代理人战争十分接近，《战国策》中名为《秦使赵攻魏》的篇目讲的就是这样的事情[2]。

继张仪主张"连横"之后，又一位魏国谋士来到秦国，这就

---

1 《战国策》卷一八《赵策一·谓赵王》。
2 《战国策》卷二四《魏策三·秦使赵攻魏》。

是范雎,他提出了"远交近攻"之策。无疑,正是范雎的谋略为秦人赢得了统一,赢得了从关中本土到整个山东地区土地相连、人民所属的结果。范雎针对秦昭王攻齐这一举措,指出:"越韩、魏而攻强齐,非计也。少出师则不足以伤齐;多之则害于秦。"且远攻即使成功,土地也不能与自己本土联为一体,反而肥了别国。"王不如远交而近攻,得寸则王之寸,得尺亦王之尺也。"[1]战争的目的在于削弱对手的有生力量并强化自身,远交近攻是为实现"得寸则王之寸""得尺亦王之尺"的目的,秦人远交齐楚、近攻三晋的同时,也将国土从关中伸向韩、魏、赵三国。从地理视角审度这一切,秦人的远交近攻不仅仅扩展了国土,且将地理屏障推至太行山一线。山川是大地上的脊梁,也是用于军事防御的屏障。立足于西部,关中作为"根本之地",并非孤立存在即能成事于天下,于是面向山东,其外围就是太行山与豫西山地。太行山与豫西山地既是当代地理学家界定东西部的界线,也是古代东西抗衡的战略重地。太行山在三晋土地上,不但成为关中地区的又一道军事屏障,且可通过穿行于山中的道路沟通东部平原地带,利用这一地理形势成功地保证了秦人走出西部,赢得东部乃至于天下。

秦统一天下,如同一道波澜壮阔的洪流席卷天下,关中的地理基础与人的谋略共同成就了这一千古伟业。

回到本文初提及的那些战事,我们看到,依托关中的地理优势,最后走向成功的不仅是大秦帝国,所有这些历史为冷兵器时代

---

[1] 《战国策》卷五《秦策三·范雎至秦》。

彰显了"根本之地"的魅力。

今天的关中和谐而安然,历史上那些战火硝烟早已远去,但若追寻历史的足迹,访古、探古,那些斑驳的古物上不仅记录着时光的留痕,也闪烁着往事留下的光环,八百里秦川这一片不大的土地,成就了中国历史上最光耀的一页。

## 河西走廊：东西部的咽喉

甘肃省得名于甘州与肃州，甘州是张掖，肃州是酒泉，而无论甘州还是肃州，都位于河西走廊。偌大一个甘肃省，一省得名全出自河西走廊，可见这里对于全省不同凡响的意义。

河西走廊处于南北两大山体之间，祁连山、乌鞘岭在南，龙首山、合黎山、马鬃山在北。一南一北两道山体构成的走廊地带，却是一片广阔的土地，东西跨度大约九百公里，南北宽达一百多公里，如此宽广的地带，因夹在青藏高原与内蒙古高原之间，走廊地形的特点十分鲜明。其实，地理学界将这里称为走廊，并不仅仅因为地形像走廊，关键在于河西走廊在中国的大地上拥有重要地位，这里不仅地处东西交通的咽喉地带，而且凭借祁连山冰雪融水形成的绿洲，成为东西交通大道上的物资支撑点。

每一个地方都有属于自己的历史，有生活在这块土地上的众生。无疑，说起河西走廊，留在人们记忆中的，无过于"秦时明月汉时关"这样的诗句，苍凉而激昂，即使跨过了两千年，后人也不会停止对那段历史的回顾。两千多年前造就汉代关城的人物早已远去，但他们的足迹却未消失，行行列列，留在边塞，落在绿洲。

今天的甘肃省，GDP远远落后于东部各地，但在历史上，这里却有着不凡的战略地位。河西走廊凭借自身重要的地理位置，早在两千多年前即已被纳入国家战略的组成部分，汉武帝在经营西域之前，首先在祁连山下的绿洲设立了河西四郡——武威、张掖、酒泉、敦煌，这是中原王朝在河西走廊设立地方行政建制的开端。河西走廊的地形使这里成为东西交通的必经之地，为了控制这条道路，汉代不但设置了河西四郡，还在冲要地带修建了关口，即河西走廊西端的阳关、玉门关。与关口连接的是长城，西汉长城西端始于玉门关以西，向东延伸至辽东一带。如今，从玉门关外远远望去，汉塞依然横卧于沙漠瀚海之中。关口、长城与四郡，相辅相成，共同构成了延伸至西部的军事防御体系。

关口是控制河西走廊的要塞，冷兵器时期的关口往往设在山河之间的险要地带，但当我们打开地图，在阳关、玉门关所在之处看到的却是一片平旷之地，无险可守，那么为何要在这里设关？古人设置在这里的关口又在控制什么呢？一连串的问题，只有踏上阳关、玉门关故址，才能获得准确的答案。河西走廊地处中国年降雨量400毫米等值线以西地带，那是一片干旱地区，在这片干涸的土地上，水资源比任何东西都宝贵，河西走廊西端的两个关口恰恰都与水源相关。玉门关的设置与发源于祁连山的疏勒河有关，这条河流从源头一路向西流入沙漠，西汉政府在河水所经之处设立关口，控制了水源就等于控制了这条道路，大漠之中无论商人、僧侣，还是军队，都必须经过这里，这就是关口设置在此的缘由。如今，我们在玉门关附近的方盘城下，依然可以看到古河道留下的遗迹。玉门关如此，阳关的选址也与水源有关，阳关控制的不是河流，而是一片湖泊，那也是沙漠之中稀缺的水源。

汉代关口的位置与水源相关，明代的嘉峪关则成于地形。明代为了防御北方草原民族南下，于永乐年间开始修筑长城。明长城东起鸭绿江口，西至嘉峪关，形成了一道军事防御屏障。嘉峪关位于河西走廊西端，河西走廊南北方向最宽处超过一百公里，但两道山体却在嘉峪关附近逐渐靠拢，利用地形特点，嘉峪关设在两山距离最窄的地段，一道关城将南北两山联为一体，如同一道拉锁，锁住了西行之路，成为河西走廊西端的门户（图15）。

古人设置关口，多出于军事、交通以及税收目的，然而，无论关城设在何处，支撑关塞存在的物质基础都来自绿洲。

河西走廊位于年降雨量400毫米等值线以西地区，若没有祁连山冰雪融水形成的绿洲，农业便难以发展。唐朝诗人王之涣有诗云："黄河远上白云间，一片孤城万仞山。羌笛何须怨杨柳，春风不度玉门关。"写尽了河西的苍凉与雄阔。"春风不度玉门关"描写的就是当地的气候特点，每当春夏，来自太平洋的东南季风会将海洋水汽输送到内地，中国东部的大地迎来降雨，然而河西走廊地处东南季风可抵达的末端，春风不度，难得甘泽。在年降雨量200毫米以下的干旱气候区，绿洲之外的地方若失去冰雪融水，就是戈壁与沙地。正是气候原因，使得河西走廊的景观呈现为绿洲与戈壁、沙地相间分布的状态，于是今天的我们出敦煌城不远，就可以看到沙漠中的月牙泉。

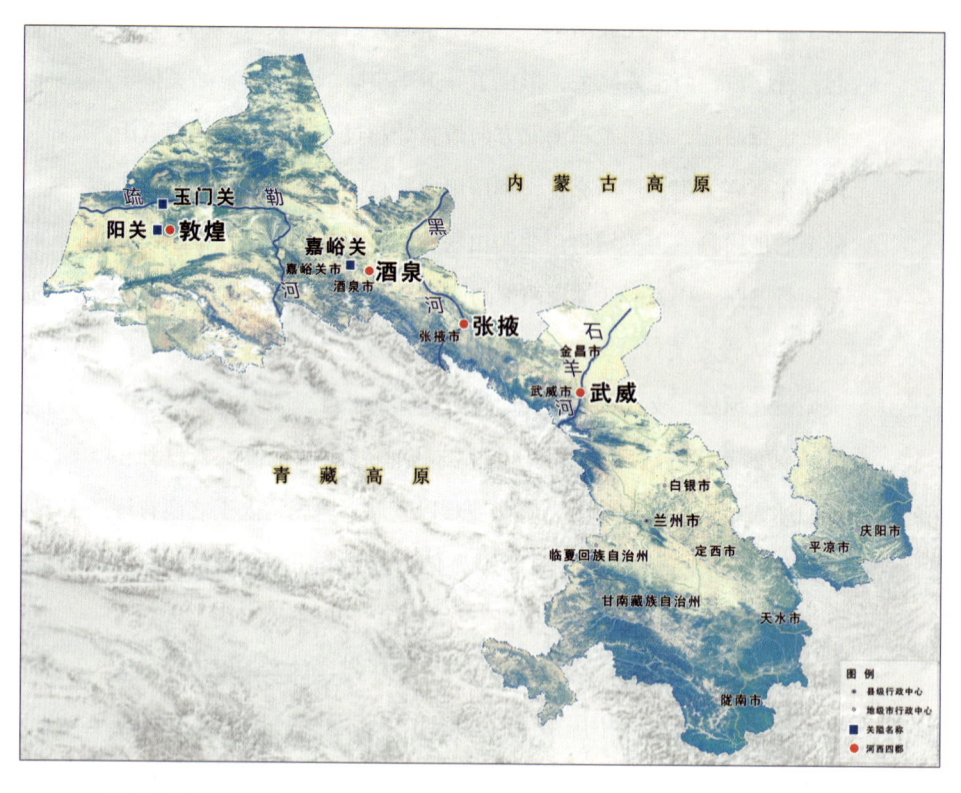

图 15　河西走廊地形

表1 《汉书·地理志》载河西四郡户口

| 地名 | 户数 | 人口数 | 辖县数 |
| --- | --- | --- | --- |
| 敦煌 | 11 200 | 38 335 | 6 |
| 酒泉 | 18 137 | 76 726 | 9 |
| 武威 | 17 581 | 76 419 | 10 |
| 张掖 | 24 352 | 88 731 | 10 |
| 总计 | 71 270 | 280 211 | 35 |

西汉时期设置的河西四郡正处于绿洲之中，为了能在绿洲上扎稳脚跟，汉武帝陆续从内地迁移来二十八万人，从此绿洲上有了稳定的农业生产。考古学界在嘉峪关附近发现了几处魏晋时期的墓葬，墓室中的数百块画像砖成为研究河西走廊以及中国农业技术史、物质文化史的珍贵资料。宴饮、伎乐、庖厨、家畜、出行、狩猎、农耕、采桑、畜牧、打场、配种、驿使，画像砖巨细无遗地描绘了生活中的场景，这一幅幅连环画似的画面，展示的不再是苍凉，而是动人的生活。

且从农业着眼。农事活动中的耕地、耙地、耢地，以及此后的播种、收获，几乎农业生产的各个环节都被记录在了画面中。画像砖上那些操持农事的人物，鲜活而生动。图16的画像砖描绘了夫妻二人，丈夫在前面整理土地，妻子在后面播撒种子，娴熟而默契。再看耙地的农夫，他们或站在耙上，或蹲在耙上，悠然而自如。一幅幅画面，让我们几乎忘记了这是干旱地区的绿洲，仿佛走进了川原膴膴的中原大地。敦煌是一座我们熟悉的世界性艺术宝藏，但敦煌留下的与农业技术有关的画面，远不及嘉峪关画像砖

图16 耕作图

多,且不如嘉峪关画像砖早,这样看来,嘉峪关画像砖的价值更非同寻常。

　　文化交融,留给人们的印象多体现在艺术、宗教,乃至文学、语言方面,但我们却在嘉峪关画像砖中、在耕地的农夫身上看到了文化的信息。同样是耕作的农民,引起我们关注的是画面中有汉人,也有胡人,图17、图18中留着胡子的耕作者,显然是一位胡人,他熟练操作农具的样子毫无违和之感。可以想象,当年在这一处处绿洲上持耒耕作的,是一个汉胡共存的群体。那时,河西走廊不仅有来自中原的农民,也有来自草原或更远的西域各族人民定居,绿洲的农业生产环境使这些原本为农、为牧甚至经商的人们,渐渐融入耕作土地的行列中,成为绿洲上的农民,那一块块画像砖就这样成为文化融合的记录者。

　　然而,河西走廊不只有绿洲,还存在戈壁、沙地。当年的

图 17　耙地

图 18　犁地

河西走廊，与我们今天看到的景观相近，绿洲之外，不能耕作的戈壁、沙地往往成为放牧的场所。画像砖上不乏挥鞭驱赶畜群的牧人、跃马骑射的猎人，他们展现了河西的另一种生产方式（图19）。

有农、有牧，那时居住在河西走廊的人们，生活的丰富程度一点不逊于中原。采桑、杀鸡、宰猪、蒸馒头，画像砖上的各种生活片段生动而鲜活，仔细端详杀鸡、宰猪的画面，不禁会想起《木兰诗》诗中"磨刀霍霍向猪羊"招待客人的场面，只不过这次场景不再停留在文字中（图20、图21）。

以河西走廊为落脚点，东西之间的文化交融不仅表现在当地人的生活中，也保存在艺术中。武威天梯山石窟、张掖马蹄寺石窟、瓜州榆林窟、敦煌莫高窟，排列在河西走廊沿线，使这里成为世界级"石窟艺术走廊"。留在这些石窟中的壁画、雕塑，主题从佛家世界到世俗生活，技术手法与内容选题融东西方艺术为一体。在感受艺术震撼的同时，我们将视线集中在了敦煌莫高窟156窟的《张议潮统军出行图》上，这幅壁画讲述的是一位河西走廊本地人物的故事。河西走廊地处东西交通咽喉地带，历史上因战事、商贸，乃至西行求法，过往的人物不可胜数，而张议潮却是河西走廊本地人。唐中期，公元755年，"安史之乱"爆发，驻守在西域、河西一带的军队纷纷内迁，吐蕃乘此机会进入河西，设置在这里的甘州、瓜州等相继陷落，在近一百年的时间里，河西一带脱离了唐王朝的控制。848年，沙洲人张议潮发动起义。此后在朝廷的支持下，以沙州（今敦煌）作为根据地，起义军先后收复了瓜、伊、西、甘、肃、兰、鄯、河、岷、廓等州。851年，张

图 19　射猎

图 20　杀鸡

图 21　宰猪

图 22 《张议潮统军出行图》，敦煌莫高窟 156 窟

议潮将瓜、沙等十一州版籍献给朝廷，陷于吐蕃近百年之久的河西地区终于回归唐朝，张议潮被朝廷任命为归义军节度使。《张议潮统军出行图》描绘的就是张议潮出行时的仪仗，旌旗飘扬，雄风凛凛（图 22）。

无论怎样的人物，无论何样的往事，都已会随着时光远去，唯有大地依然存在。若将河西走廊放在整个国家的视角观察，不难发现这里正处于丝绸之路的关键地段，从河西走廊西出阳关进入西域，向东越过陇山，便是中原王朝的核心地区。因此，九百公里长的河西走廊，可说是万里山河中不可忽视之地。河西走廊在国家战

略中的地位如此,留在这里的文化宝藏更让后世惊叹。也许,当我们真正踏上河西的土地,看到的还不止这些。

## 从云梦泽变迁看曹操败走华容道

沧海桑田，这是我们熟悉的成语，出自东晋葛洪《神仙传》，讲的是麻姑曾"见东海三为桑田"。故事归故事，大自然中的沧海桑田之变不止一处，云梦泽就是其中一例。云梦泽是在今天地图上找不到的古湖泊。当年的云梦泽，就位于今天的江汉平原，现在这里是国家重要的商品粮基地，良田千顷，稻浪翻滚，但历史时期却是烟波浩渺、雾霭苍茫的大湖。我们不是神仙，也没有麻姑的长寿，自然无法亲见这番沧海桑田之变，但不妨探讨其中变化的原因。

云梦泽曾为长江中游北岸的大湖，它的存在与消失始终没有离开人们的关注。据汉书载，司马相如《子虚赋》中写道："云梦者，方九百里，其中有山焉。其山则盘纡岪郁，隆崇律崒，岑崟参差，日月蔽亏。交错纠纷，上干青云。罢池陂陀，下属江河。"司马相如的文辞展现了云梦地区的基本地貌形态，基于地理学视角审度这一地区，这是包括山地、丘陵、平原、湖泊、沼泽在内的多种地貌综合体，其范围非常广泛，东部起大别山、幕阜山，西至宜昌、宜都，包括松滋、公安一带，北抵大洪山区，南缘长江。在这一范围之内，云梦泽仅占其中的一部分，基本分布在缘长江一带，即今天的江汉平原。[1]

江汉平原开发的空间进程基本与云梦泽水体变化同步发展，展现这一过程的考古成果提供了重要依据，从《中国文物地图集·湖北分册》落实的新石器时代遗址位置，我们看到一个重要现象，城背溪文化与大溪文化遗址基本围绕江汉平原呈环形分布，平原的腹心只有戴家场附近的柳关遗址，其余均为空白，环形区域的北缘在天门以北，西缘止于荆州附近，东面为空白。这片空白应是云梦泽湖区所在位置，正是如此，在湖水浸没之处，自然不会有人类活动遗迹。

在沧海桑田的巨变之中，云梦泽早已被农田取代，如何在布满农田的江汉平原上确定湖区的具体范围？探讨云梦泽湖区范围是一个科学问题，湖区是水体，而水往低处流，低洼之地自然就是湖区，结合考古成果并通过 DEM 地图提取的地貌参数，我们看到城背溪文化与大溪文化遗址所形成的环形地带基本位于 50 米等高线之处，城背溪文化距今 8000—7000 年，大溪文化距今 6000—5000 年，那时人们选择的居住位置多数处于山麓地带，根据这一遗址分布形势可以判定 50 米等高线以下地带，多数属于云梦泽水体覆盖的湖沼，云梦泽近水之处，虽有人类活动的遗存，但数目并不多。城背溪、大溪文化之后，出现在云梦泽周围的是屈家岭、石家河文

---

[1] 参见谭其骧：《云梦与云梦泽》，《复旦学报》（社会科学版）历史地理专辑，1980年；张修桂：《云梦泽的演变与荆江下游河曲的形成》，《复旦学报》（社会科学版），1980年第2期。

化，这两个文化类型距今均在4000年以上，这两类文化遗存同样沿江汉平原北缘50米等高线分布，此外，30~50米等高线之间的区域也存在一定数量的遗址，与城背溪文化、大溪文化相比，变化明显之处在于北部边缘的遗存数量大为增加的同时，遗址沿孝感、随州、枣阳一线形成密集的线状分布，此外仙桃、潜江附近亦有零星石家河文化遗存。史前遗址与地貌的关系，将50米等高线以上的地带排除在湖区之外（图23）。

进入历史时期，盘龙城是江汉平原附近为人瞩目的文化遗址，

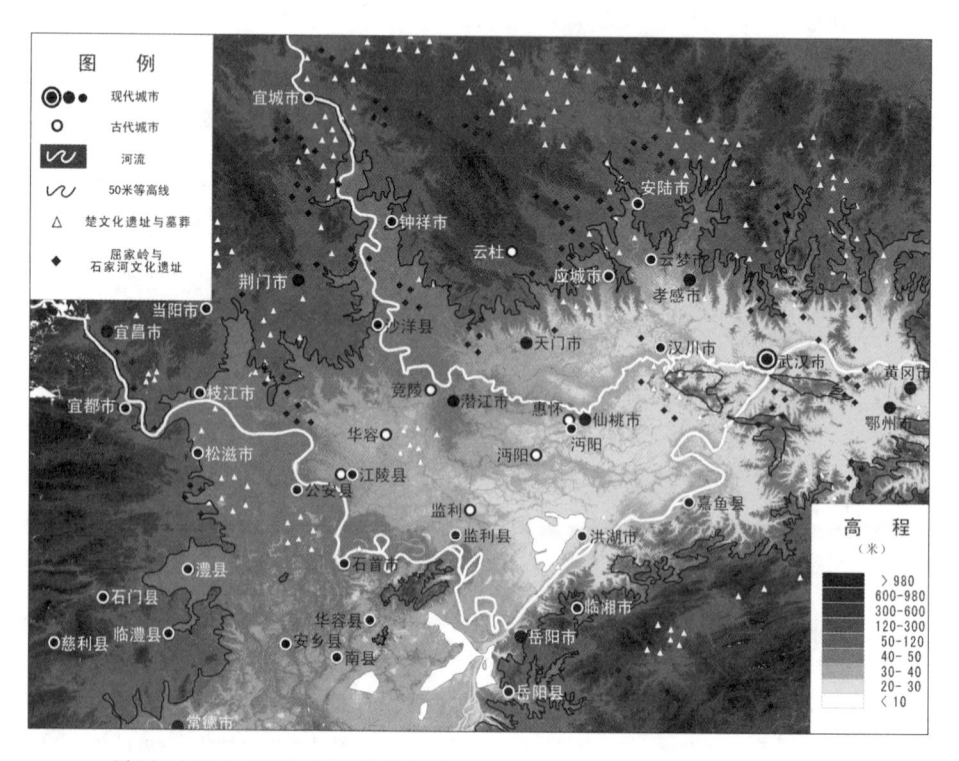

图23 江汉平原地貌与史前时期遗址位置

其时代属于商代中期，位于武汉市市区以北约 5 公里的黄陂区境内，古城遗址坐落在一座小山丘上，遗址处于长江以北低矮丘陵与冲积平原的过渡地带，东面与东北面为盘龙湖所环绕，西面和西北面是连绵起伏的丘陵岗地。盘龙城城内东北部发现分布密集的宫殿建筑遗迹，城外四周分布着民居、手工作坊遗迹和小型墓葬。根据出土器物类型判断盘龙城应为商人南下所建直系方国的都邑，城址选择在这样的地理位置，一方面与黄陂所在地正当孝感、随州、枣阳至中原一线交通冲要相关，另一方面则取决于江汉平原云梦泽水体范围，这一时期云梦泽水体边缘基本保持在 30 米等高线附近，盘龙城应距湖滨不远[1]。

春秋战国时期，楚人的活动为长江中游地区留下辉煌的一页，依据考古成果分析，楚人的活动范围同样沿 50 米等高线留下遗址，此外这一等高线东部地带的楚文化遗址明显增加，并沿平原边缘的孝感至随州、枣阳一线，形成遗址的密集地带。这一楚文化遗址密集带，与商代盘龙城相距不远，均属于云梦泽东北缘一带。与云梦泽东北缘对应，在史前文化的基础上，江陵附近同样也是楚文化遗址密集地带，不仅如此，楚国早期都城郢即位于此。这一切历史遗存，含有的信息同样表明 50 米等高线，甚至 30 米等高线以上均不在湖区范围。

经过这样一番分析，在肯定非湖区范围之后，云梦泽湖区应具有怎样的水位变化呢？通过 DEM 地图提取的地貌参数，图 23 上

---

[1] 徐少华：《从盘龙城遗址看商文化在长江中游地区的发展》，《江汉考古》2003 年第 1 期。

50米高程之下的灰色为高程30米所在范围，灰白色为25米等高线所在范围，这两个高程与云梦泽水体变化相关，25米等高线之下为秋冬季节云梦泽枯水期所在范围，30米等高线为夏季洪水期湖泊水体淹没区。

以上讨论，让我们在今日的江汉平原农田、聚落之下，看到了当年烟波浩渺的云梦泽的基本范围。无论古人留下的记载，还是利用DEM地图提取的地貌参数，都证明云梦泽曾经存在于长江北岸，且是一片大湖。然而就在春秋战国以后湖面开始萎缩，且一步步消失，对于云梦泽这番沧海桑田之变，追寻其中的原因始终是学术界关注的热点，我们追随学术研究的脚步，将视角转向对云梦泽消失原因的探讨。

打开地图，我们会看到长江河道在今沙市附近转向南流，河道形成近似直角的转弯。正是这样的转弯存在，每年夏季洪水期，波涛汹涌的江水绝不会顺江而下，强大的水动力带着江水冲出河床，径直流向江北，不仅在长江北岸形成夏水、涌水这样的支流，而且江水携带的泥沙就势沉积下来，形成以沙市为顶点的陆上三角洲。年复一年沉积下来的泥沙，推动陆上三角洲不断扩展，逐渐向东推进。春秋时期楚人都郢（今湖北省荆州市），这里正是陆上三角洲的顶点之处，围绕这里形成的历史，都证明这一带不仅不是云梦泽湖区，而且陆上三角洲已经开始了较有规模的农业开发。春秋时期楚王修造了章华台，这是一座"举国营之，数年乃成"的宏大建筑。经考古发掘，章华台位于湖北潜江市龙湾附近，这里处于30米等高线所在范围，应属于云梦泽湖区的边缘。

长江携带的泥沙，不仅促使陆上三角洲面积不断扩大，且导致湖水变浅。自秦汉时期开始，云梦泽湖区面积不断缩小，设置在陆上三角洲上的县级行政建制逐渐向东推移。西汉时期，沙市陆上三角洲上出现了华容、竟陵两县，县级行政建制的出现既是这里人口增加、农业生产发展的标志，也是三角洲范围扩展的结果。值得注意的是，云梦泽湖区西南缘沿江一带，一直鲜有人类活动遗迹，西汉时期出现了州陵、沙羡两个县级建制，东汉时期在云梦泽北缘设置了云杜、安陆县级建制。西晋时期设置了监利、沔阳两县。《晋书·地理志》荆州条下载有监利县，从《宋书·州郡志》郢州条引《晋起居注》来看，监利县应置于西晋太康初年。《宋书·州郡志》荆州条下载："荆州刺史，汉治武陵汉寿，魏、晋治江陵，王敦治武昌，陶侃前治沔阳，后治武昌。"陶侃任荆州刺史为西晋末年之事，沔阳县的设置应在此之前。《南齐书·州郡志》郢州条载有惠怀县，从《中国历史地图集》确定的位置看，其位于沔阳附近，当是撤沔阳，置惠怀。华容、竟陵、监利、沔阳、惠怀各县依设置时间从西北向东南方向推移，这一方向也是沙市陆上三角洲的扩展方向。华容、竟陵设置于西汉，监利、沔阳、惠怀设置于南朝时期，其间相距五六百年时间，陆上三角洲东南移动50~60公里左右，平均每百年10公里（图24）。

随着陆上三角洲的扩展，云梦泽在淤浅的同时，水体也逐渐向东南推移，以至于西汉时期设置在大江北缘的州陵县为水所没，其辖地于刘宋明帝泰始四年（468年）并入绥安县[1]。云梦泽的这一变化成为水体退却的重要转折期，此后随着陆上三角洲不断扩展，湖

---

[1] 《宋书》卷三七《州郡志》。

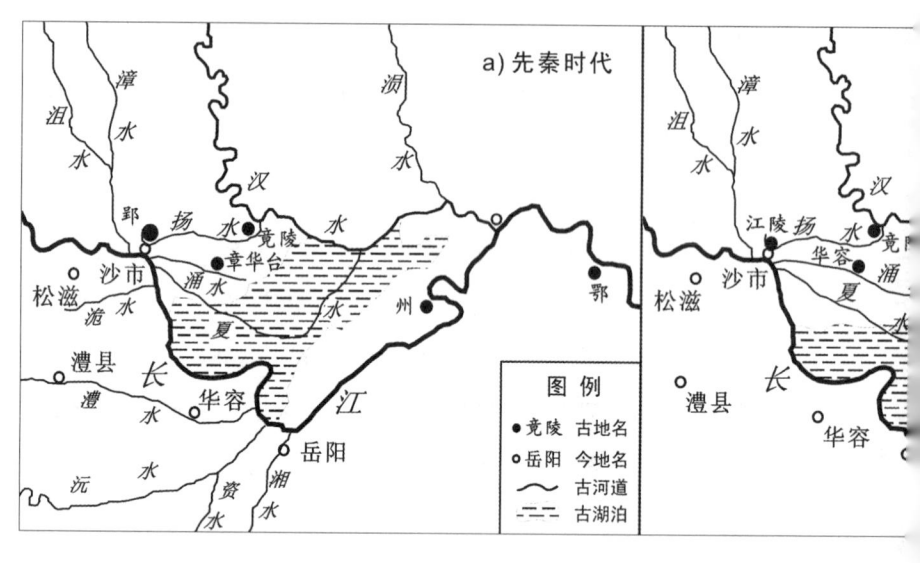

图 24 云梦泽演变示意图

水日趋平浅,唐宋时代的云梦泽多已淤填成平陆,司马相如所称道的九百里云梦泽,为零星小湖所取代。从南宋后期,南下移民从洛阳,经南阳至襄阳,聚拢在湖区周围,为了获取需要的农田,人们开始修建垸田。人们对于土地的索取最后推动云梦泽消失与江汉平原形成。在云梦泽水体退却,江汉平原形成的过程中,农业生产几乎同步推进,从 50 米等高线的边缘地带,逐渐向腹心发展,最终赢得了整个平原。

在云梦泽演变过程中,发生在三国时期的故事"华容道",引起后人的热切关注,多年前的一种民间益智游戏,便被冠以"华容道"之名,至今仍有注入华容道相关内容的电子游戏。《三国演义》对华容道的描述不仅深入人心,甚至几乎成为信史。那段故事发生

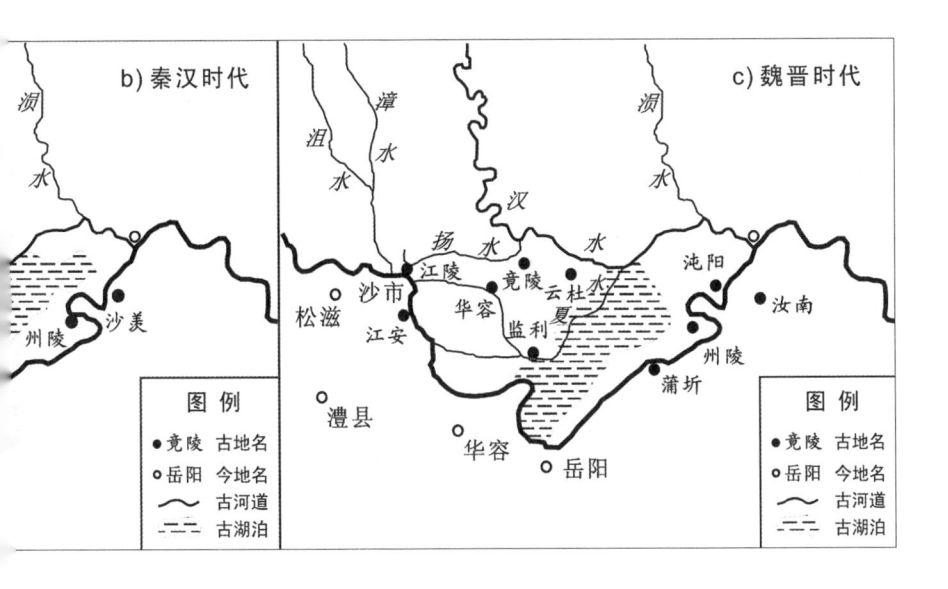

在赤壁之战中，曹操兵败之后，仓皇踏上北归之路，从长江北岸乌林逃至华容。《三国演义》第五十回"诸葛亮智算华容，关云长义释曹操"，就发生在那条泥泞、狭窄的小道上，关羽率领军队突然闪出，本要擒曹，没想曹操一声："将军别来无恙。"令义重如山的关公想起曹操当年的好处，犹豫究竟是拦，还是放？乘此机会，曹操冲出小道，成功北归。《三国演义》讲的故事是真的吗？我们不妨看看真正的历史记载，《三国志·武帝纪》裴松之注引《山阳公载记》曰：

> 公船舰为备所烧，引军从华容道步归，遇泥泞，道不通，天又大风，悉使羸兵负草填之，骑乃得过。羸兵为人马

所蹈藉，陷泥中，死者甚众。军既得出，公大喜，诸将问之，公曰："刘备，吾俦也。但得计少晚；向使早放火，吾徒无类矣。"备寻亦放火而无所及。

这段记载写得很清楚，小说中那些热闹事都不存在，只是曹操已经从小路通过，刘备的军队才到，但已经没有作用了。

对于"华容道"这段故事，我们在验证真伪的同时，更想知道"华容道"究竟是一条什么性质的小道？解读这一问题仍然利用图23，图上25米等高线在云梦泽湖区留下几条细线，这几条细线就应是传说中的"华容道"，不但狭窄，而且夏季洪水期就被湖水淹没，只有秋冬出露，故而泥泞难行。而赤壁之战发生的时间正是隆冬季节，也就是这条小道出露的时节。

无论"华容道"的那段故事是真，还是假，它早已深入人心，网上看到，湖南省华容县发展旅游，以各种方式打"华容道"这张牌，无须多言，这显然是错了。可以想象，打了败仗的曹操仓皇北逃，怎么可能不向北，而往南呢？这是逃跑，还是自投罗网？其实此华容，非彼华容，西汉时期设在长江北岸的华容县，后迁到长江南岸今湖南境内，因此今天的华容县与"华容道"没有任何关系。

今天的江汉平原是国家重要的商品粮基地，早在明清时期这里就留下了"湖广熟天下足"的民谚，从那时起几百年内一直是天下粮仓。谁曾想这片粮仓，曾经是烟波浩渺的湖泊，云梦泽的沧海桑田之变，不仅演绎了大自然的故事，也改变了大地面貌。

大地上的故事，有的与人相关，有的与地相关，从云梦泽到江汉平原却是人与地共同营造的一片沃土。

# 川陕交通与诸葛亮的北伐路线

每一个历史时期都有让后人难以忘怀的人与事，回顾中国上下五千年，恐怕没有比三国那段历史更让人关注，也没有比诸葛亮这个人物更受人推崇。一段三国历史，人们讲了一千多年，一部《三国演义》，人们又读了几百年。诸葛亮北伐中的那些故事几经流传，其中的人与事不仅反复登上戏剧舞台，也走上了银幕。然而，成就历史的不只有人与事，我们脚下的大地，起伏在大地上的山川地貌，这些地理因素同样不可忽视，诸葛亮的北伐路线就是军事行动中的地理。

山川地貌只有在人们的利用下，才能融入军事之中。魏、蜀、吴三国之中，蜀汉最弱，却能与曹魏、孙吴并存，构成三国鼎立之势，离不开诸葛亮率领汉军进行的北伐。后人评论诸葛亮的军事行动之所以能够成功地保全蜀汉政权，关键在于北伐的目的——以攻为守，而最终将军事行动的目的落在"守"上，与蜀汉北伐道路的选择直接相关。

蜀汉与曹魏两个政权南北对峙，蜀汉地处巴蜀之地，汉军北伐经行的道路必须翻越秦岭，而秦岭这条东西向延伸的山脉，不仅在蜀汉与曹魏之间构成了自然屏障,且是蜀道中最难行的一段。唐代诗人李白的一首《蜀道难》,凭借豪放的辞章传诵千年,让后人领略了古代川陕交通的艰辛。蜀道之难,难在要跨越秦岭、巴山两道山脉,山中取道,正所谓"连峰去天不盈尺,枯松倒倚绝壁。飞湍瀑流争喧豗,砯崖转石万壑雷"。道路的艰辛,长时期地阻碍了川陕两地的交往。

川陕通道穿行于秦岭之中,道路主要选择在山中谷地。山中岩石断裂之处,经河流侵蚀,往往形成河谷,宽阔之处不仅形成了道路,且住有人家,被辟为农田。陡峭山崖之上则无路可寻,必须开凿栈道。标准的栈道一般在水流湍急的陡壁上,利用石裂法凿出石洞,穿入横木以为梁,然后在横梁上铺好木板,并在河身石底上竖起立木,作为横梁的支撑。古代没有炸药,凭借裂石法开凿栈道十分艰难,李白的诗句,"地崩山摧壮士死,然后天梯石栈相钩连",以夸张的笔法,形容了为修建栈道付出的代价。不仅如此,栈道铺好之后,飞栈连云,蜿蜒于陡崖之上,狭窄而易损,无论行走还是维护都不易。故"蜀道难,难于上青天"不仅书写在文学辞章内,也存在于现实之中。

蜀道之上,当年诸葛亮北伐从汉中起步,翻越秦岭抵达关中,正是如此,北伐所有的战事都发生在翻越秦岭的各条道路上。翻越秦岭的道路主要有四条,均起于关中,止于汉中,自东向西分别是:

子午道:子午镇→子午谷→秦岭→石泉→饶风关→南子午镇→城固→汉中。

傥骆道：周至→骆谷关→洋县→傥水→城固→汉中。

褒斜道：郿县→留坝→褒城→汉中。

故道（亦称陈仓道）：宝鸡益门镇→清姜河→略阳→勉县→汉中。

这四条道路开通的时间与行走难易度都不同，这一切成为确定北伐路径的基础（图25）。

子午道开通时间大约在秦汉时期，从今西安市西北方向十余里的子午镇入子午谷。古称北方为子，南方为午，子午谷因位于汉长安城正南而得名。子午道全长在千里以上，长而险，沿途居民很少，在汉代全程无行政建置，一般不为人利用，但道路距长安城最近，从子午镇骑快马，大约半个时辰即可到达长安。

傥骆道的开通时间约在两汉之间，最初从今武功起步，走围谷入岭，被称为堂光道，后改从周至进入秦岭北侧的骆水谷地，与山地南侧的傥水谷地南北联通，构成越岭通道。虽然傥骆道在翻越秦岭的四条道路中最短，但道路沿途多坡坂，且骆水与傥水之间绝水距离较长，行走不易，故这条路的通行时间最晚。

褒斜道由秦岭北侧的斜水谷地与南侧的褒水谷地组成，褒水通沔，斜水通渭，整个道路多谷地少坡坂，且里程不足八百里，正是因为这样，褒斜道早在西周时期即已开通。《华阳国志》载："周武王伐纣，实得巴蜀之师。"[1] 辅助周武王的巴蜀之师，进军道路应该就是褒斜道。西周时期，古褒国就在秦岭南今褒城一带。《国语·晋

---

1　[晋]常璩：《华阳国志》卷一《巴志》。

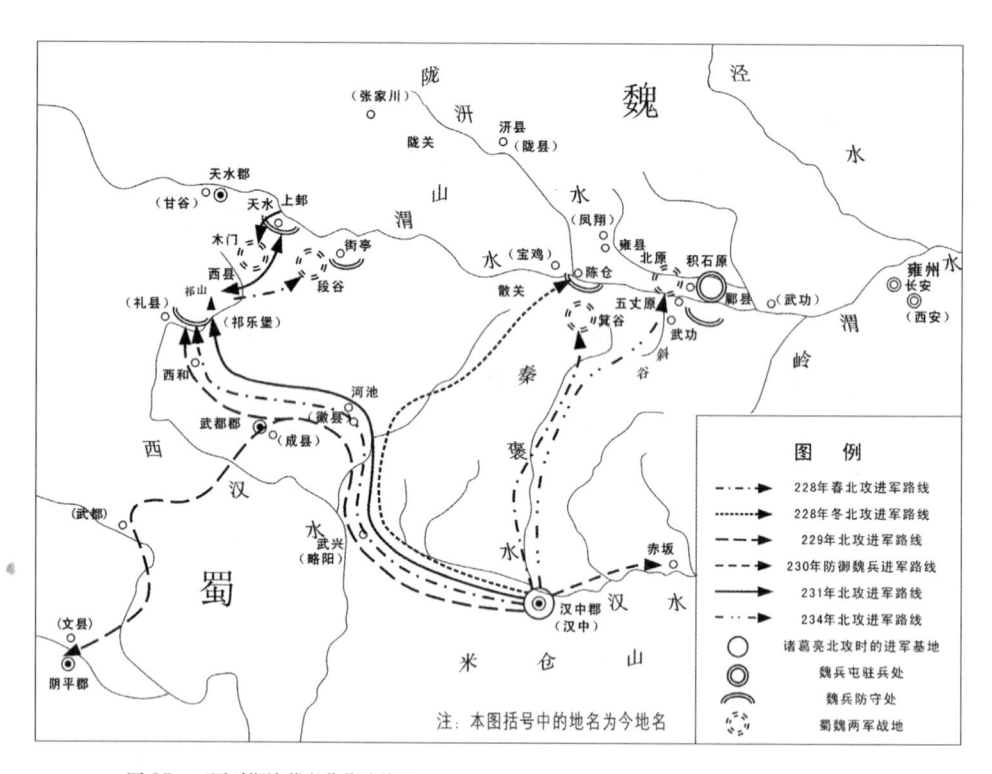

图 25 三国时期诸葛亮北伐路线图

语》载:"周幽王伐有褒,有褒人以褒姒女焉。"西周末年,"烽火戏诸侯"的主角周幽王宠妃褒姒就来自褒国,可想那时这条道路早已存在,至秦汉、魏晋时期,褒斜道已成为长安、汉中两地间的主要交通道路。

故道,得名缘于道路沿嘉陵江东源故道河而行。这条路北起今宝鸡市,古称陈仓,因此这条道路也被称为陈仓道。此外,道路入秦岭山口之处设有散关,由此亦有散关道之称。故道的开通历史也很久远,西周时期的青铜器散氏盘的铭文有"周道"字样,古散国位于今陕西宝鸡凤翔一带,正当故道入山之处,据王国维考证,周道即是故道[1],故道的开通当在商周之际。《汉书·沟洫志》载:"故道多阪,回远。"故道长达一千两百多里,但沿途多山间谷地,不但易行走,而且适宜居住,村落相连。故秦汉时期沿路设有故道、河池、沮县三个县级建制,唐代设有凤州、兴州两处州级建制,并将三县增为六县。唐代,故道形成分叉,从两当(今陕西省凤县)改走至留坝,即转向褒斜道通行。

四条翻越秦岭的道路中,故道、褒斜道通行难度较小,是古人利用最多的两条道路。

除上述四条道路外,祁山道也应算作翻越秦岭的通道之一。祁山道所经之处,为秦岭西端余脉。今甘肃礼县附近被古人称为祁山,祁山道的起点就在礼县,沿嘉陵江西源西汉水,经西和、徽(今甘肃省徽县)成(今甘肃省成县)盆地与故道相汇进入汉中,祁山道虽然路途很长且与关中相隔着陇山,但沿途平坦之处较长,

---

[1] 王国维:《散氏盘跋》,《观堂集林》卷一八,上海古籍书店,1983。

便于部队行军与辎重运输。

秦岭不仅在自然地理上构成了亚热带与暖温带的分界，而且凭借地形，影响了山脉两侧的政治、经济、军事。从历史军事地理着眼，三国时期诸葛亮率军北伐，发生在秦岭通道的故事，尤其令人难忘。

三国时期，魏、蜀、吴三个政权中蜀汉最弱，但诸葛亮以攻为守的战略却使这一弱国能够长期与曹魏、孙吴政权比肩而立，正是这一原因，蜀中用兵令人分外关注。后人称颂诸葛亮一生的业绩，常用未出茅庐三分天下、六出祁山、七擒孟获来概括，其中有民间演绎的故事，也有真实的历史，其中"三分天下"来自《隆中对》[1]。依《隆中对》之策，诸葛亮为刘备获取益州、荆州的目标本已实现，但后来因关羽"大意失荆州"，荆州得而复失，而诸葛亮当时预测的曹魏可能因诸皇子争权，出现内讧的"天下有变"却始终没有出现。在这样的局面下，以攻为守是保全蜀汉政权的最佳选择。但诸葛亮率领汉军北伐，并非民间所传的六出祁山，而是五次，且五次北伐也不都是兵出祁山。

诸葛亮主持的五次北伐，三出祁山，一出故道，一出褒斜道。诸葛亮用兵，一向谨慎，非"十全必克而无虞"不出兵，故

---

[1]《隆中对》载："荆州北据汉、沔，利尽南海，东连吴会，西通巴、蜀，此用武之国，而其主不能守，此殆天所以资将军，将军岂有意乎？益州险塞，沃野千里，天府之土，高祖因之以成帝业。刘璋暗弱，张鲁在北，民殷国富而不知存恤，智能之士思得明君。将军既帝室之胄，信义著于四海，总揽英雄，思贤如渴，若跨有荆、益，保其岩阻，西和诸戎，南抚夷越，外结好孙权，内修政理；天下有变，则命一上将将荆州之军以向宛、洛，将军身率益州之众出于秦川，百姓孰敢不箪食壶浆以迎将军者乎？诚如是，则霸业可成，汉室可兴矣。"

选择这些道路一则求稳，更重要的原因在于坡坂较少，利于粮草辎重通行。俗话说，"大军未动，粮草先行"，任何时期打仗，后勤供给都是决定胜负的关键环节，诸葛亮五次北伐以祁山道为主，原因在于这条路不仅具备利于运送粮草的优势，天水盆地还可以就地屯田种植小麦，解决长期鏖战的粮食需求。那时，打仗与当代不同，相持一两年是常有的事，因此筹粮、屯田是支撑战事的保证。

诸葛亮北伐所经道路，无论祁山道还是故道、褒斜道，这些道路的北出口分别在陇右、陈仓，不仅距离曹魏国都洛阳很远，且与关中政治中心长安也有相当的距离，尤其是祁山道，受陇山阻隔，不仅不能对曹魏政权造成威胁，就是对关中曹军也难以实现实质性的打击。北伐中与祁山道有关的故事"失街亭"几乎人所共知，后世戏文中的《失空斩》表现的就是诸葛亮挥泪斩马谡那一幕，这是发生在建兴六年（228年）汉军出祁山道北伐时的真实事件[1]。戏文突出的是诸葛亮顾全大局、不徇私情的圣贤之风，而地理学关注的则是街亭的军事地理价值。街亭亦称街泉亭，故址在今甘肃庄浪东南、陇山山口之处。陇山即六盘山，这座南北走向的山脉将关中平原与天水盆地划分在东西两侧。街亭是从陇右进入关中的必经之地，失去街亭就意味着阻断了通向关中之路。这次军事行动尚未实质性地展开，就因失街亭而断送了。故诸葛亮斩马谡绝不是因一战

---

[1]《三国志》卷一七《张郃传》载："诸葛亮出祁山，加郃位特进，遣督诸军，拒亮将马谡于街亭。谡依阻南山，不下据城，郃绝其汲道，击，大破之。"《三国志》卷四三《王平传》载："建兴六年，属参军马谡先锋。谡舍水上山，举措烦扰，平连规谏谡，谡不能用，大败于街亭，众尽星散。"

得失，而是一场失误毁了此次北伐。

正如我们看到的，诸葛亮数次北伐选择的路径，几乎没有对曹魏政权构成真正的军事威胁，有的只是牵制作用，进而达到以攻为守的效果。面对诸葛亮选择的北伐路径，蜀汉将军魏延十分不理解，曾提出自率精兵五千，出子午道攻打长安之策[1]。所谓精兵，指不携辎重，只带数日干粮，身骑快马的部队，而子午道从秦岭北坡下来，快马只需半个时辰，若出其不意偷袭，应能对曹军造成实质性的打击。但诸葛亮一生谨慎，没有应允这一提议。

诸葛亮晚年试图对关中曹军给予真正的军事打击，从建兴九年（231年）开始一面练兵备战，一面修整褒斜道上的栈道，并制作木牛流马，即独轮车，运送物资。三年后，诸葛亮统领十万大军循褒斜道北上，魏延大震。魏将司马懿为避其锋芒，采取坚守不战之策，双方在渭河之滨相持一百多天，遗憾的是，诸葛亮身体不支，病死在距山口五十里的五丈原，汉军此次出兵无功而返。后人评价这次北伐时无限感慨，诗人杜甫留下诗文："出师未捷身先死，长使英雄泪满襟。"

冷兵器时代的军事行动，无论攻守，从未离开过地理。回想古人谈及诸葛亮北伐，"以攻为守"成为共同的结论，而得出这个结论的缘由就在于地理。

---

[1] 《三国志》卷四〇《蜀书》引《魏略》曰："夏侯楙为安西将军，镇长安。亮于南郑与群下计议，延曰：闻夏侯楙少主婿也，怯而无谋。今假延精兵五千，负粮五千，直从褒中出，循秦岭而东，当子午而北，不过十日可到长安。楙闻延奄至，必乘船逃走，长安中惟有御史京兆太守耳，横门邸阁与散民之谷足周食也，比东方相合聚尚二十许日，而公从斜谷来必足以达，如此则一举而咸阳以西可定矣。亮以为此悬危，不如安从坦道，可以平取陇右，十全必克而无虞，故不用延计。"

秦岭界分南北，发生在蜀道上的故事太多了，而诸葛亮北伐便是最让人难以忘怀的一幕。"古今多少事，都付笑谈中。"明朝人杨慎的一首《临江仙》为后人留下无限感慨，历史已然远去，唯有当年的古道，仍在今人的足下沟通南北，并演绎着新的故事。

# 天下"王气"最重的地方——武川

据说在北魏晚期,中原寺庙中的一位和尚不安心念经,却弄来一本相面的书,以至于走火入魔,欲罢不能,最后放弃了佛门生活,四处周游。一日,和尚来到武川,令他惊奇的是,如此寒荒之地,满街行走的衣衫褴褛之辈,从面相看竟然都是帝王将相。这显然是不可能的,和尚认为相面书骗人,于是不再相信相面术,回归佛门,继续念经去了。

和尚相面是否真有其事,我们无从判断,但当年武川满街都是帝王将相一说却是真的。一处如此神奇的地方,究竟在哪里?其中又有着怎样的一段历史?

今日的武川县位于内蒙古自治区中部、距离呼和浩特不到五十公里的阴山北麓,那里属于温带大陆性气候,冬季寒冷,夏季凉爽,全县经济仍以农业为主。看到对于武川的介绍,大家多会觉得毫无神奇之感,且留下的印象是平淡而欠发达的地方。然而,也许越是平淡,越会引发更大的好奇,那满街的帝王将相从何而来?

说起武川的王气,要从中国历史上的北魏开始,这是一个由鲜卑人建立的王朝。鲜卑，是在汉代文献中留有记载的古代族群。历史上，鲜卑人形成了多个分支，建立北魏王朝的属于拓跋部。鲜卑拓跋部发源于大兴安岭北部，之后不断南迁，公元386年建立北魏并立都于盛乐（今内蒙古自治区和林格尔县），398年迁都平城（今山西省大同市），494年迁都洛阳。鲜卑拓跋部本属于大兴安岭中的渔猎民族，南迁中融入草原生活。北魏立国一百多年内，随着都城从草原迁入雁北平城，最后又迁入中原农耕区的核心洛阳，经历了从草原民族不断汉化，最终融入汉文化之中的过程。孝文帝迁都洛阳，将鲜卑人的汉化推向高峰，伴随迁都，他同时要求鲜卑人改汉姓、习汉语、着汉服，全面实现汉化。

面对鲜卑人南迁与汉化走过的空间轨迹，我们在地图上可以看到洛阳与位于阴山北麓的武川越来越远，难道两者之间有什么关联？其实，问题就出在北魏的政治核心与武川距离拉大这一事实上。

北魏的建立者鲜卑人，随着都城迁入大同，一步步离开草原，整体移向雁北一带。原本占主导地位的内蒙古草原空虚了，而草原上的民族不止一个，鲜卑人南移后，北方草原的柔然人相应南下。为了防御柔然人，北魏在草原上设立了六个军事重镇，这就是历史上著名的"北魏六镇"。这六镇自西向东分别是：沃野镇，位于内蒙古乌拉特前旗；怀朔镇，位于内蒙古固阳县；武川镇，就在今武川县；抚冥，位于内蒙古四子王旗乌兰镇；柔玄，位于内蒙古兴和县；怀荒，位于河北省张北县。六镇，沿东西方向一字排开，构成了北方的军事防御体系，在这一体系中，我们看到了武川镇（图26）。

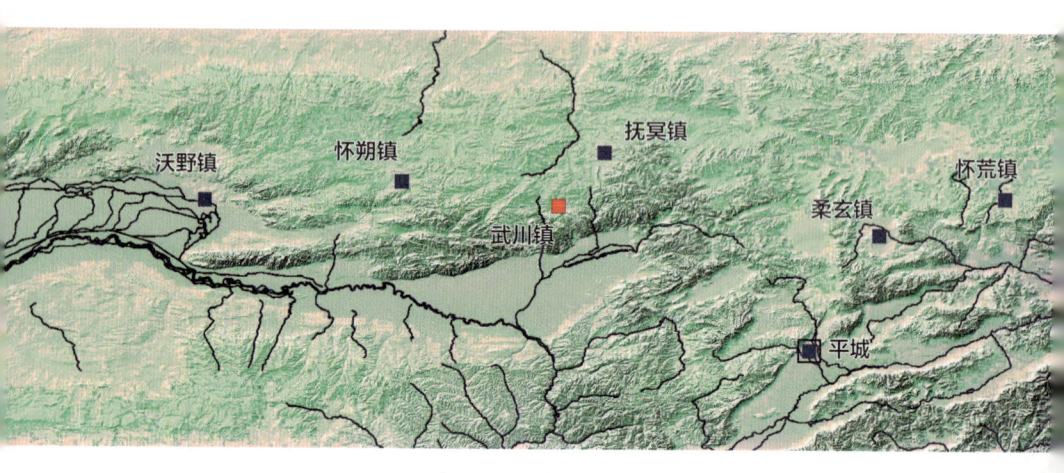

图26 北魏六镇分布图

　　鲜卑人原本是尚武的民族，随着都城迁到大同，尚武的精髓仍然存在于民族的肌体之中，因此到六镇戍边的军人，或是鲜卑贵族子弟，或是军中精英，也有来自中原的"强宗子弟"，他们带着这个时代的风尚与草原民族的雄豪前往六镇，这既是国家的需要，也是个人实现抱负、赢得资历的途径。一切本按着应有的轨迹前行，但随着都城进一步南迁到洛阳，以往的所有都改变了。

　　草原上的生活是简朴的，流动生活中没有奢华，没有铺张，更没有恢宏的宫殿、锦衣玉食的生活，而迁入洛阳的鲜卑贵族逐渐汉化，接受内地生活方式的同时，放弃了尚武的传统，更忽略了六镇的存在。仍驻守在寒荒之地的六镇军人，不仅没有了往日的荣耀，也失去了前程，忍无可忍之下，523年，六镇在沃野镇人破六韩拔陵的率领下发动起义。后来起义被镇压，但就在这一事件中，契胡将领尔朱荣趁机进入洛阳，利用孝明帝母子冲突，发动了"河阴之变"，将胡太后、大臣、王公等两千余人沉入黄河[1]，拥立孝庄帝登上帝位。此后，朝政为尔朱氏所把持，皇帝成了傀儡。

六镇的存亡几乎决定着北魏的存亡。530年，尔朱荣被杀；534年，出身怀朔镇的将领高欢拥立北魏皇族后人元善见为帝，迁都邺城，建立东魏；535年，出身武川镇的宇文泰拥立另一位北魏皇族后人元宝炬为帝，立都长安，建立西魏。历史上发生在黄河流域的这番变故，让我们看得惊心动魄，但事情并没有到此为止，王朝的更迭还在继续。550年，东魏权臣高欢的儿子高洋废掉元氏傀儡皇帝，自立为帝，建立了北齐。557年，西魏权臣宇文泰的后人，不再容忍元氏傀儡皇帝，自立为帝，国号北周。北齐与北周两个政权的东西对峙并没有持续很久，576年，北周武帝宇文邕对北齐发动战争，577年，北齐亡，自此黄河中下游统一于北周，但这段历史并不长。

在此，北周历史上的一个人物进入了我们的视野，这就是杨坚。杨坚的先祖出身于武川镇，其父杨忠曾在西魏、北周两朝任重臣，杨坚本人在父亲去世之后，承袭了随国公的爵位，并将长女杨丽华嫁与皇太子为妃。578年，周武帝宇文邕去世，太子宇文赟即位，杨丽华被封为皇后，杨坚因是皇后之父晋升为柱国大将军、大司马。周宣帝宇文赟是个短命的皇帝，二十二岁就去世了，此后的继位者宇文阐即周静帝，时年仅七岁，且生母并非是皇太后杨丽华。帝王年幼，这就是古人所说的主少国疑。杨坚利用这样的机

---

[1] 《资治通鉴》梁纪八。

会，排除朝内外反对势力，迫使周静帝宣布禅让，自己继位做了皇帝，这一年是581年，杨坚建立新的王朝，定国号为"隋"。后世针对这件事评价隋文帝杨坚"得国不正，治国有方"，然而这一切都是后话。

隋朝也是个短命的王朝，隋文帝杨坚之后传位于杨广，即隋炀帝。隋炀帝可以说是一位有抱负的帝王，但太过急功近利，短短几年，北征高丽，修凿大运河，屡兴大工程，耗费民力，终于引得天下起兵。起兵人物之众，在《说唐》小说中留下了"三十六路反王，七十二路烟尘"的说法。那时，李渊任太原留守，相当于这一地区的最高军政长官。617年，在天下大乱的浪潮下，李渊率领几个儿子于太原起兵，渡过黄河攻入关中，618年建立了唐朝。

到此为止，我们对那个风起云涌、频繁改朝换代的历史做了一番简述，其中似乎看到了武川的影子，但武川的那些帝王将相不止如此。黄永年师的研究涉及西魏政权中的武川背景，将其列为表2，梳理了三类人物：一类是534年拥戴宇文泰者，这是西魏未建国时宇文泰的支持者，十位中有七位出自武川；另外两类是西魏建国后执掌朝中政治、军事重权的八柱国与十二大将军，其中又有近一半出自武川。进一步研究表2中的人物，我们看到了杨忠与李虎。杨忠是隋王朝开国皇帝杨坚的父亲，后被追为隋太祖。李虎是唐王朝开国皇帝李渊的爷爷，后被追为唐太祖。此外，还要说的人物就是武川军人集团中的独孤信，本为鲜卑贵族，据史书记载，他容仪俊美，善于骑射，西魏时位列八柱国之一。最让后人惊叹的不是独孤信本人的成就，而是七个女儿中竟有三位皇后，且这三个女儿初嫁时，三位女婿还与皇帝之位全然不沾边。独孤信的长女为北周明帝宇文毓皇后；四女为唐高祖李渊之母，追封元贞皇后；七女为隋文帝杨坚皇后。面对如此人物关系，当代网友忍不住称独孤信为"历史上最牛老丈人"。独孤信与三朝皇帝之间的联姻，不仅是一个家族的荣耀，更重要的是他们都来自武川（图27）。

第一个发现武川这份王气的是清代学者赵翼，他在《廿二史札记》中言："周、隋、唐三代之祖皆出于武川……区区一弹丸之地，出三代帝王，周幅员尚小，隋、唐则大一统者，共三百余年，岂非

**表2　西魏政权中的武川背景**

| 534年拥戴宇文泰者 | | 550年八柱国 | | 550年十二大将军 | |
| --- | --- | --- | --- | --- | --- |
| 人物 | 出身地 | 人物 | 出身地 | 人物 | 出身地 |
| 达奚武 | 代 | 李弼 | 陇西 | 王雄 | 太原 |
| 刘亮 | 中山 | 于谨 | 代 | 宇文贵 | 夏州 |
| 怡峰 | 冀 | 元欣 | 洛阳 | 豆卢宁 | 柔玄 |
| 宇文导 | 武川 | 侯莫陈崇 | 武川 | 元廓 | 洛阳 |
| 寇洛 | 武川 | 赵贵 | 武川 | 元育 | 洛阳 |
| 王德 | 武川 | **独孤信** | **武川** | 元赞 | 洛阳 |
| 若干惠 | 武川 | **李虎** | **武川** | 李远 | 代 |
| 梁御 | 武川 | 宇文泰 | 武川 | 达奚武 | 代 |
| 侯莫陈崇 | 武川 | | | **杨忠** | **武川** |
| 赵贵 | 武川 | | | 贺兰祥 | 武川 |
| | | | | 侯莫陈顺 | 武川 |
| | | | | 宇文导 | 武川 |

图 27　武川镇遗址

王气所聚，硕大繁滋也哉。"若将西魏列在其中，武川就是四朝帝王的出身之地。当代历史学家将以出身于武川勋贵为核心的政治力量，称为关陇贵族集团。出身于武川的勋贵在四个王朝中都充当了主角，正是如此，《剑桥中国隋唐史》指出："帝国的继承和创建，在当时不过是一次宫廷政变，是西北的一个贵族家族接替另一个家族即位。后来唐朝的继承也不过是把皇位移向这一紧密结合的家族集团中的另一个家族而已。"

"胡马新风入汉来"，在南北朝的政治更迭中，来自武川的军人集团带着一种奋发向上的气质登上历史舞台，为几经更迭后的大唐王朝带来了从未有过的新气象，这就是陈寅恪在《李唐氏族推测之后记》中说的："李唐一族之所以崛兴，盖取塞外野蛮精悍之血，注入中原文化颓废之躯，旧染既除，新机重启，扩大恢张，遂能别创空前之世局。"这样看来，盛大的唐王朝，那份恢宏、那份气势，是有着武川军人的血脉。

回顾这一段与武川相关的历史，不禁想到传说中的相面和尚，我相信如果确有此人，他若活得足够长久，必然会看到，在武川这片寒荒之地，那些衣衫褴褛的人物如何迈入帝王将相之列。

四朝帝王将相均与武川相关，可以说，天下"王气"最重的地方不是西安，不是洛阳，而是武川，中国没有第二个地方比这里的"王气"更重了。

# 汴水东流无限春，隋家宫阙已成尘
## ——隋炀帝与大运河

多年前的一部纪录片《话说运河》，讲到长城、运河这两大中国古代工程，共同组成了一个巨大的"人"字。正是这个"人"字，给我们留下无限遐思。"人字的结构，就是互相支撑"，也许出于巧合，也许隐含着必然，长城用于军事防御，而运河旨在运输，长城、运河这两项功能完全不同的工程，在过往的历史中以不同的姿态支撑着帝国伟业，且在大地上留下不灭的印记。

长城、运河都是中国历史上伟大的工程，起始于不同时代，但都经历了王朝的兴亡过程。正是如此，讨论运河已不仅限于运输，那个时代、那段历史，或许更值得关注。

水路是世界上最廉价且便捷的运输形式。今天，苏伊士运河、巴拿马运河因地处大洲分界处、具有重要的战略地位而闻名。然而，这两条运河的通航时间仅有一百多年，若以时间论，世界上最早开凿的运河其实在中国。史念海先生所著《中国的运河》告诉我们，一般认为，中国最早的运河是吴王夫差所开的邗沟，而事实并非如此，最早的运河出于楚人之手。那是楚庄王在位时（公元前7

图 28　运河风光

世纪—公元前 6 世纪），孙叔敖修筑堰坝，拦截沮水[1]，开通了"通渠汉水、云梦之野"的运河[2]，这项工程比开凿邗沟的时代早约一百年。自此之后，各地均有运河工程载入史中。

中国的地形西高东低，"一江春水向东流"营造了东西之间的舟楫之便，南北却缺乏天然水道，因此开凿运河联通南北不是单独一个王朝的举措。楚人开创了兴凿运河的先河，吴王夫差则通过邗沟、菏水两段运河沟通了江、淮、河、济四条河流，所有这一切均

---

[1] 《汉书》卷二八上《地理志》载："房陵……东山，沮水所出，东至郢入江"。
[2] 《史记》卷二九《河渠书》。

起步于春秋时期，自此之后的两千多年中，无论统一还是分裂，运河始终存在于历史的某个场景中。

千古运河，并非所有河段都为人所知，隋代那段与运河相关的历史尤为让后人难以忘怀，究其缘由，恐怕与隋朝短促的国祚有关。历代运河均为国家带来福祉，但隋代却因浩大的运河工程二世而亡，围绕其中因果的讨论始终没有停止，在历史学的视野中，运河已然成为政治的一部分。

运河的出现，首先改变的是地理。隋王朝建国后，隋文帝、隋炀帝先后开凿运河。隋文帝为了解决国都大兴城的运粮，于584年首先开凿了广通渠，自唐兴城堰（今陕西省咸阳市西18里）引水，渠道与渭水平行而东，至潼关入黄河[1]。开皇七年（587年），他又主持"于扬州开山阳渎，以通运漕"[2]，其流径大体循邗沟故迹，北上抵达今江苏淮安。这段运河的开凿与南下灭陈、统一全国有关。此后，隋炀帝继位，开启了大规模开凿运河的工程，于605年开凿通济渠，由洛阳西苑引谷、洛水入黄河，又由板渚（今河南省荥阳市西北）分黄河水南行入淮，主要流经今河南省荥阳、中牟、开封、杞县、睢县、宁陵、商丘、夏邑、永城，安徽省宿县、灵璧、泗县，于盱眙北流入淮河[3]。通济渠所经之地并非战国时期的鸿沟水系汳水（汴水）的流径，东汉年间，朝廷曾经对汴水水道进行过维

---

1　《隋书》卷二四《食货志》载："宇文恺率水工凿渠，引渭水，自大兴城东至潼关，三百余里，名曰广通渠。转运通利，关内赖之。"

2　《隋書》卷一《高祖纪上》。

3　史念海：《中国的运河》，陕西人民出版社，1988，第155—167页。

124

护,至隋代因"汴水迂曲,回复稍难"[1]而开凿了新的运河。尽管如此,原来的汴河仍然发挥着作用[2],故唐人白居易《长相思》有"汴水流,泗水流,流到瓜洲古渡头"的诗句。608年,隋炀帝下令开凿永济渠,南引沁水入黄河,北上连接淇水,并于天津静海县与海河水系连通,最后止于涿郡(今北京市南,治所在蓟城)[3]。610年,江南河开工,自京口(今江苏省镇江市)绕太湖东岸,经今江苏常州、苏州至余杭(今浙江省杭州市)[4](图29)。

铺在纸面上的地名背后,是一条将中国东部海河、黄河、淮河、长江、钱塘江五大江河联为一体的人工水道,遑论一千四百多年前,即使放在当代,同样是一项伟大的工程。然而,就是这样一项联通南北的大运河,却留下无数的骂名,后世不仅"尽道隋亡为此河"[5],而且将隋炀帝开运河目的归为游江南、观琼花,"种柳开河为胜游"[6]。那么,隋炀帝耗尽民力,开凿运河的目的真是如此吗?

说起这个问题,离不开隋统一的历史。公元581年,隋文帝杨

---

1 《太平寰宇记》卷一《河南道》载:"隋大业元年,以汴水迂曲,回复稍难,自大梁城西凿渠,引汴水入,号通济渠。"

2 《元和郡县志》卷五《河南道》载:"隋炀帝大业元年更今开导,名通济渠。自洛阳西苑引谷、洛水,达于河。自板渚引河入汴口,又从大梁之东引汴水于泗,达于淮。"史念海《中国的运河》提出:"隋及唐初,运道仍以溯泗入汴为常。唐中叶以后,新道才畅通无阻。"

3 《隋书》卷三《炀帝纪》载:"四年春正月乙巳,诏发河北诸郡男女百余万开永济渠,引沁水南达于河,北通涿郡。"

4 《资治通鉴》卷一八一,隋炀皇帝大业六年冬十二月己未,"敕穿江南河,自京口至余杭,八百余里"。

5 [唐] 皮日休:《汴河怀古》,《文苑英华》卷三〇八。

6 [唐] 秦韬玉:《隋堤》,《全唐诗》卷六七〇。

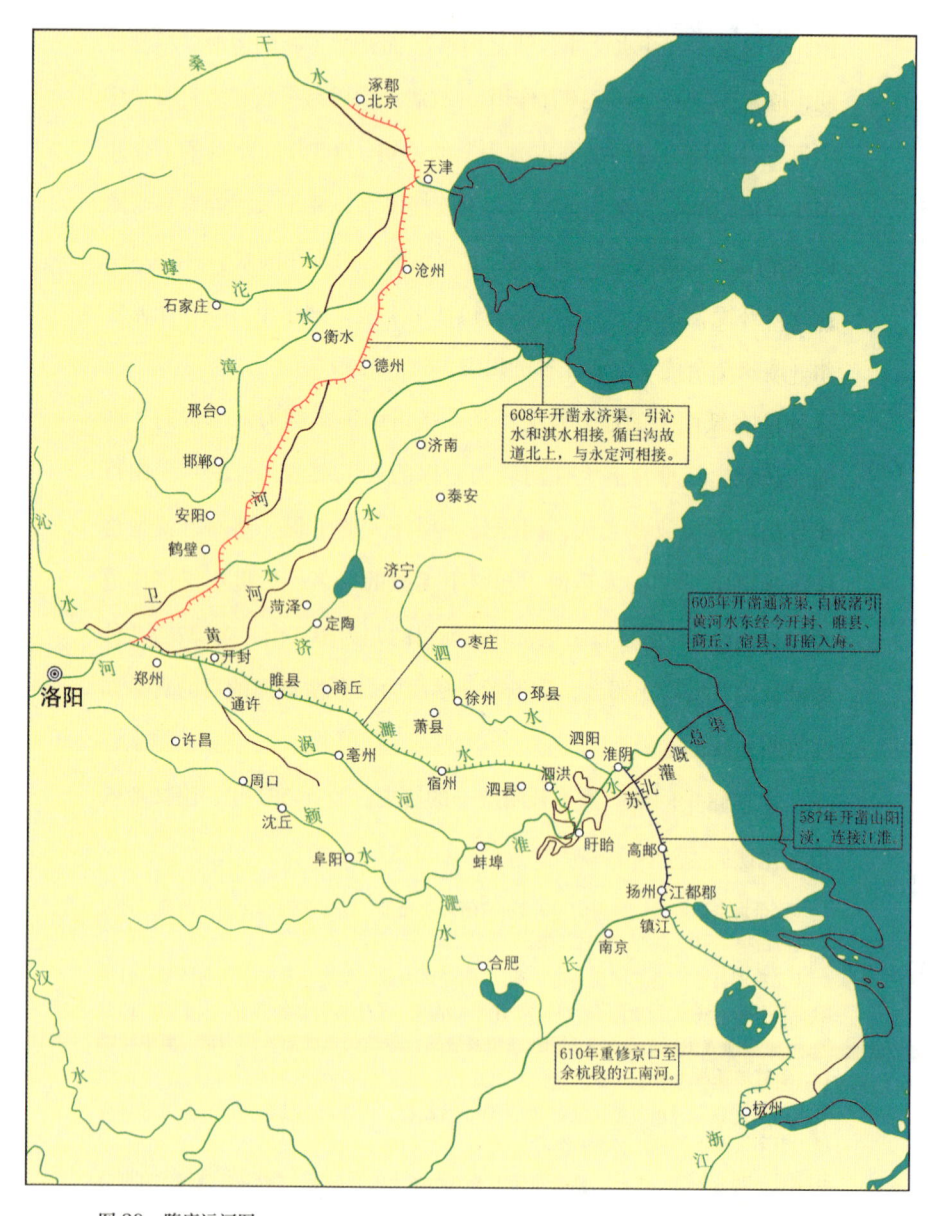

图29 隋唐运河图

坚建立了隋王朝,继而于589年灭陈统一全国,中国历史再度由分裂走向统一。

后人评述历史,总会提及秦与隋同属于实现国家一统的王朝,但统一后两朝的治国难度很是不同。秦人完成的是文化背景相同的六国统一,而隋王朝面临的则是南北胡汉之间的融合。自西晋"永嘉之乱"起,中国北方陷入十六国纷争。公元5世纪初,北魏统一了北方,南方自东晋以后经历了宋、齐、梁、陈几个政权的变化,这就是历史上的南北朝时期。南北朝不仅是政权的对立,还存在着文化的不同,北方各个政权在匈奴、鲜卑、氐、羌、羯五个民族为主导的统治下,盛行以尚武为核心的异族文化,南方则完整地继承了中华传统文化。当代人将文化视为软实力,这是说文化虽然不同于彰显国家实力的经济、军事等硬实力,但决定着人心向背与对国家的认同。文化影响国民意愿,古今皆同。从"永嘉之乱"到隋统一,南北之间的政治分裂已近三百年,无论南北,对于彼此都很陌生。正是如此,隋统一之后不仅要致力于经济与国防发展,也要赢得文化认同,治国的难度甚于秦朝。

治国不易,完成天下大一统后的隋文帝并没有懈怠,洁身勤勉,励精图治,全力打造出万邦来朝、民生富庶的"开皇盛世"。然而,繁华之后暗流涌动,政治的一统并不意味着人心归附,尤其江南士族很难适应北方政府。开皇十年(590年),朝廷重臣苏威作《五教》,"使民无长幼悉诵之,士民嗟怨"[1]。"五教"指五种伦理道德,即父义、母慈、兄友、弟恭、子孝。这是朝廷推行教化的举

---

[1] 《资治通鉴》卷一七七,高祖文皇帝上之上十年。

措,本非弊政。即便如此,仍有婺州汪文进、越州高智慧、苏州沈玄桧等举兵造反,自称天子,而"乐安蔡道人、蒋山李棱、饶州吴世华、温州沈孝彻、泉州王国庆、杭州杨宝英、交州李春等皆自称大都督,攻陷州县"。经此变乱,"陈之故境,大抵皆反"[1]。虽然此次反叛被平定,但如何将南北真正联为一体,成为朝廷在意的一件大事。

隋文帝在位时,以稳定天下为先;隋炀帝承"开皇盛世"之基业,试图通过便捷的运河水道联通江南,改变"南服遐远"、南北疏离的局面,进而实现人心归服、国家认同。以国家政治为前提,开凿运河的浩大工程开启了。

赢得国家认同与民心归服或许是隋代帝王开凿运河的初衷,获取江南物资也不失为另一个原因。经东晋、南朝两百多年的和平发展,此时的江南一改往日的荒寂,已然成为"地广野丰,民勤本业"之地,且"荆城跨南楚之富,扬部有全吴之沃,鱼盐杞梓之利,充仞八方,丝绵布帛之饶,覆衣天下"[2]。用江南物产补国家用度之不足,凭借运河完成运输,再便利不过。放在历史的长河中考量,贯穿南北大运河的开凿,不仅有助于隋朝政权的巩固,对于整个中国历史的发展与社会进步都起到了重要作用。对此毋庸看今天的论说,唐人即已有了中肯的评论。唐人李敬芳的《汴河直进船》有云:"汴河通淮利最多,生人为害亦相和。东南四十三州地,取尽脂膏是此河。"李唐王朝是隋代运河的直接受

---

1 《资治通鉴》卷一七七,高祖文皇帝上之上十年。
2 《宋书》卷五四《沈昙庆传》。

益者，南北两大经济区的沟通促进了中国古代经济重心南移，且成为北方政治中心所需物资的重要供给地，有力地支撑着政权的运行。

证明运河对北方经济贡献的实例是仓储。运河凿通之后，物资运送的中心是洛阳，隋代洛阳及其毗邻地区运河沿线均设有仓廪，其中河阳仓（今河南省洛阳市偃师区）、常平仓（又名太原仓，今河南省三门峡市）、黎阳仓（今河南省浚县）、广通仓（大业初改名永丰仓，今陕西省华阴市）、洛口仓（今河南省巩义市）、回洛仓（今河南省洛阳市）、含嘉仓（今河南省洛阳市）、子罗仓（今河南省洛阳市）均是国家重要的粮仓[1]。唐代承袭了隋代仓廪的同时，又添设了新仓，并实行"缘水置仓，转相受给"的制度[2]。众多粮仓不一一列举，仅以含嘉仓为例，即可以看出粮仓规模之大。含嘉仓为设在洛阳的国家官仓，仓有城，建在东都洛阳城北。考古界在仓城东北与偏南地区，勘探出大小不等的圆形或椭圆形地下粮窖287座，如果将铁路和建筑物下面的粮窖估算在内，仓城应有粮窖400座以上。这些粮窖窖口直径最大18米，一般为10~16米；窖深最大12米，一般为7~9米。每窖储粮五六十万斤，算下来仅含嘉仓储粮就达200万石，这与《通典》记载的数字基本吻合："隋氏西京太仓、东京含嘉仓、洛口仓、华州永丰仓、陕州太原仓，储米粟多者千万石，少者不减数百万石。"[3] 这庞大的数字记录的，就是通

---

1 邹逸麟：《从含嘉仓的发掘谈隋唐时期的漕运和粮仓》，《文物》1974年第2期。
2 《资治通鉴》卷二二六，唐德宗建中元年六月甲午。
3 《通典》卷七《食货七》。

过运河由南方输往北方的粮食数量,这坚实物质基础的支撑,为实现国家意志提供了保障。

　　隋炀帝时代开启的不仅运河一项大工程,营建东都洛阳、亲征吐谷浑、三征高句丽、三下扬州,这一切不仅耗尽了"开皇盛世"的物质积累,也将民怨推向高峰。朝廷兴修运河本意在于造福,但却因连年兴工、民不聊生而陷入罪责之中。

　　长城与运河共同构成的"人"字,从不同的角度支撑了国家基业,然而,运河带来的巨大的红利,隋人自己未及享用,王朝大厦便已轰然倒塌。隋朝因运河衰,因运河亡,将运河留给了后代。唐朝诗人李益置身运河两岸的喧嚣之中写下的《汴河曲》透出无限感慨:"汴水东流无限春,隋家宫阙已成尘。"运河带来的种种繁华,隋炀帝再也无法感受,随同时光的流动,昔日的宫阙早已成尘、成土。

　　秦、隋两个从分裂走向统一的王朝,因长城与运河两项伟大的工程而影响后世,也因二世而亡令后人迷惑,为什么会出现这样的结果呢?其实,古人早已有了答案,水本可载舟,也可覆舟,水为民,舟为君,为君者一旦暴民取材,不施仁爱,以水覆舟带来的就是王朝的倾覆。秦二世而亡,"前车覆,后车戒",本可成为后世统治者的明鉴,隋炀帝却"未知更",因而重蹈覆辙,落了个二世而亡的结局。这正是唐人杜牧所叹的:"秦人不暇自哀,而后人哀之;后人哀之而不鉴之,亦使后人而复哀后人也。"

　　隋唐之后,随着都城位置从长安、洛阳迁移到开封、北京,运河的走向也不断变化。尽管运河的起点最终落在北京,但这联通南北的人工水道依然纵贯海河、黄河、淮河、长江、钱塘江五大水系(图30)。

图 30 《运河图》局部,现藏大英图书馆

　　隋炀帝身后一千多年间,运河上船来船往,人声桨声依然喧嚣,时间渐渐冲淡了历史的斑驳,留下的只是遗产。

## 苏湖熟，天下足
## ——中国古代经济重心南移

今天国家衡量一个地方经济发展水平，使用国内生产总值（Gross Domestic Product，简称 GDP）这一指标，我们看到近几十年，中国 GDP 位于前列的省、市、自治区基本以南方沿海、沿江地区为主。南方经济在当代中国拥有的强势地位有目共睹，且时常被认为一直如此。其实，中国历史早期经济最具优势的地区在北方的黄河中下游，那时的北方拥有全国经济重心地位，而南方还处于地广人稀、开发落后的状态。何时南北的经济地位出现了逆转？又是什么原因推动全国经济重心南移？这不仅是中国历史上的一件大事，也是我们关注的问题。

中国古代是个农业社会，因此无论经济重心在北方还是南方，获得的成就都建立在农业生产基础上。然而，尽管针对中国古代经济重心南移展开的讨论很多，但真正将目光投向农业生产的却是少数。那么，南方有着哪些北方不具备的农业生产优势？关键问题是气候，正是江南一带的亚热带气候，为这片土地提供了农作物复种的条件。何谓复种？"复"拥有再一次之意，"复"字用在农业生产，指一年内同一块土地上可种植一次以上农作物。多种一次，就意味着多一次收成，若一地拥有高于其他地方的收成，自然就具备了不同寻常的经济地位，如同当代那些GDP大省。既然复种是问题的关键，我们就从这个问题入手，呈现中国古代经济重心南移的那些事。

《晏子春秋》载，"橘逾淮为枳"，这是一个为人熟知的故事，告诉我们淮河南北环境存在差异，淮河以北属于暖温带，渡过淮河就进入亚热带地区，气候的变化，为农作物的多熟制提供了更充足的热量资源（图31）。但资源禀赋的优越并非农业技术进步的绝对条件，纵观历史，唐宋之前南方农业技术不仅没有超越北方，反而滞后于北方。当黄河中下游地区已经拥有几千年中华文明政治中心、经济重心地位时，江南一带还处于"地广人稀，饭稻羹鱼"、农耕兼渔猎的时代。至于复种轮作，这项农业技术出现在江南的时间大约比北方晚了一千多年。

为什么？难道江南一带，热量条件的优势不够吗？我们都知道，农业生产是人类劳动、自然环境与农作物三位一体共同成就的结果，三项要素中，农作物属于客体，自然环境的属性限制了农业发展的幅度，人类劳动决定了农业生产的技术取向，而技术取向与人类需求始终捆绑为一体。司马迁的《史记》告诉我们，江南一带"地广人稀"，人口少，粮食需求少，在北方人大量南下之前，这里几乎没有提高产量、增加收成的需求。农业社会的基本生产资料是土地，换作当代理念，土地属于不动产，人依托不动的土地为生，"安土重迁"成为中国农民固守的信条，人们被迫离开家乡，战争是最主要的原因。无论中外，和平与战争始终交替旋转在历史舞台

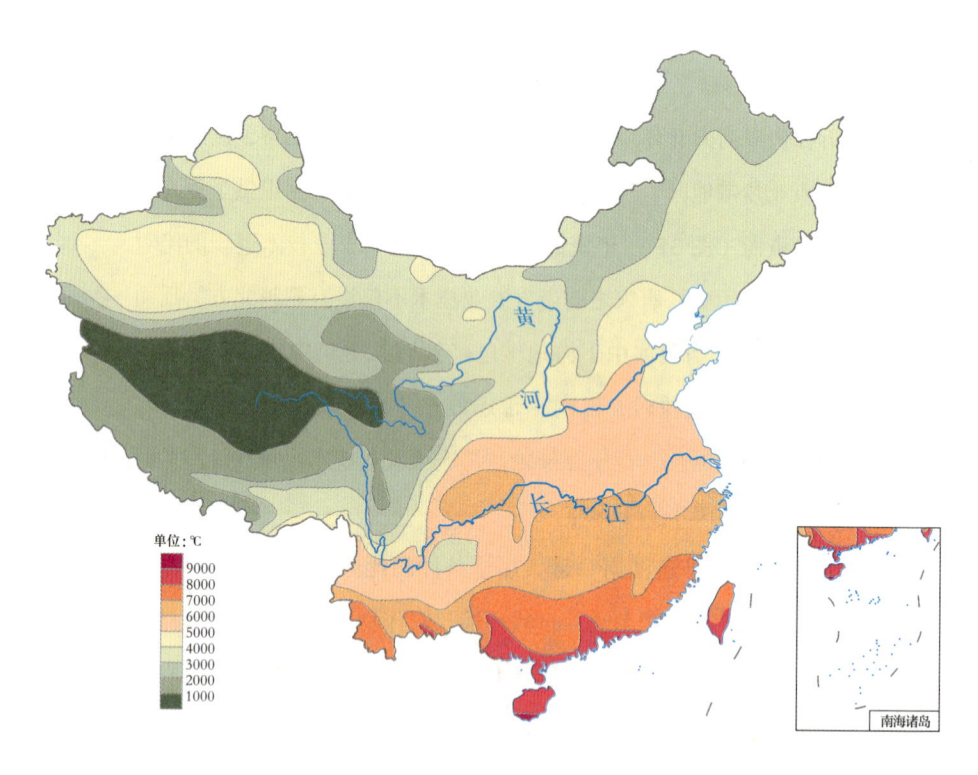

图31 中国≥10℃积温分布图
(≥10℃积温是指某一段时间内逐日平均气温≥10℃,这是影响农作物生长的重要指标)

上，中国历史上发生在北方的战争一次又一次推动北方人出离家乡故土，南下逃生，也形成了中国历史上的三次大规模人口南迁。三次人口南迁分别发生在西晋末年"永嘉之难"、唐朝中期"安史之乱"与北宋末年"靖康之难"时期。人口是生产者，也是消费者，北方人的到来为南方带来各种社会变化，不仅带来了大量劳动力，也加大了粮食需求，这两点直接影响农业生产。为了提高粮食产量，南方，尤其江南地区的农业生产技术有了重大改变，而一年两熟复种轮作制就在其中。

"创新"是今天时常提到的词语，却很少有人将这一词用在往日的农业之中，那么事实如何呢？回顾中国农业留下的足迹，被忽略的创新贯穿整个发展历程，其中江南一带一年两熟稻麦复种轮作，就是最具创新意义的农业技术。水稻本是水乡环境的物产，实行稻麦轮作就是在水田中植入旱地作物，这样的水旱轮作方式，即使是在今天世界主要植稻区，也十分罕见，而在一千多年前的中国它就已经成为固定的种植制度。依凭一年两熟的轮作，江南不仅能获得两季收成，养活更多的人口，而且推动农业技术向前迈出了一大步。

但凡"创新"，都拥有技术因素的推动，历史上江南一带的一年两熟稻麦复种轮作制由几项技术构成，其中的关键在于插秧。稻麦轮作始于江南，而插秧技术却来自北方。水田技术源自旱地农业盛行的北方，需要探究与讨论之处自然不止一点。

插秧技术出自北方，载于北魏农书《齐民要术》。水稻固然起源于长江流域，数千年间在北上南下的传播中，北方渭河、汾河、伊洛河、淄水等河谷地带都早已有栽植。《齐民要术》载，这些"北土高原"植稻区，稻苗长到七八寸时，地里的草也随之长起，农民的除草方式有两种：一种剪除杂草用水浸泡，令其腐烂；另一种水稻、杂草一起拔出，将草捡出浸入水中，稻苗重新栽植。两种去草方式中，第二种"拔而栽之"虽然不是易地插秧，仅是原地复栽，但从技术特征分析却与水稻移栽插秧具有同类性质。

与北方水稻种植技术不同，江淮地区至六世纪一直保持着"火耕水耨"易田制。"火耕水耨"，这是我们今日并不熟悉的词语，司马迁在《史记》中用它描述了江南地区的农业技术。那么"火耕水耨"的含义是什么呢？直白地讲，就是将土地上滋生的杂草烧掉，作为肥源，随后灌水入田，播撒稻种，待稻出苗后，若再有杂草，拔掉踏入水中。无疑，在"火耕水耨"过程中，杂草滋生，达到肥源标准，需要一段时间，若土地连续使用，就几乎无法满足这一需求，因此，"火耕水耨"的除草方式是建立在轮流使用土地的易田制基础上的。

易田制意味着土地利用率最多50%，也许更低，易田制的改变始于唐代。发生在755年的"安史之乱"推动一拨又一拨北方人南下，躲避战乱。人多了，需要的土地与粮食自然也多了，单凭一半土地上生产的粮食无法满足需要，人口压力推动土地利用率从50%提高到了100%。实行土地连作后，除草的问题如何解决呢？当然不能继续"火耕水耨"，来自北方的农民，但凡操弄过稻田，都了解"拔而栽之"的复栽技术，自然也将这样的除草技术用在了南方稻田之中。于是，无须"火耕水耨"，除草问题也在北方人带来的技术中解决了。

北方人复栽的目的本是除草，或许北人南渡后也是本着除草的意图实行复栽，但插秧技术却在复栽中诞生了。插秧由两个环节组成，每年三月前后将稻种播在拥有沃土的苗圃之中，苗圃中出土的秧苗几乎没有间距，因而占地很少，大约一个月左右再移栽到稻田之中。从苗圃中移栽稻秧，本意是将与稻秧同时长起的杂草除掉，无意中成就了插秧技术。唐人高适有诗句"溪水堪垂钓，江田耐插秧"，岑参有诗"水种新插秧，山田正烧畲"，两位诗人都生活在唐中期，诗句告诉我们，这时插秧在长江流域已经成为普遍应用的水田技术了，但是这时插秧的目的仍在于除草。

插秧本意是除草，却为一年两熟稻麦复种轮作提供了条件。这条件是什么？就是时间与空间。如同教室中安排课程，一堂课结束，下一堂课才可继续，若同一间教室前后课程时间相互重叠，课一定上不成。农业用地也是如此，地还是那处，需要用时间进行协调。《齐民要术》告诉我们，水稻直接撒种于农田中，"三月种者为上时，四月上旬为中时，中旬为下时"，收获期在 8 月下旬。而冬小麦的播种期多在 8 月下旬、9 月上旬，收获期却在 4、5 月，相互重叠的用地时间不具备水稻收获后种植冬小麦的条件。有了水稻插秧技术，一切都不同了。一般 3 月开始育秧，虽然这时正是冬小麦的生长期，但育秧是在苗圃进行，稻麦不存在用地之争，待 4 月末、5 月初冬小麦收获上场之时，也正是水稻移秧的日子。同一块土地，稻、麦用地完美地衔接起来，前者下课，后者上课，用的是同一间教室。这正是宋人陆游在《五月一日作》诗中所写的"处处稻分秧，家家麦上场"的情景。水稻 5 月插秧，8 月就可以收获了，宋人称"八月登粳稻"[1]，冬小麦播种正好在水稻收获之后，"八月社

---

[1] [宋]周南：《山房集》卷一《偕蹈中过书坞归二十韵》，文渊阁四库全书。

前,即可种麦"[1]。水稻改为秧播后,水稻在农田中的占地时间为5—8月,冬小麦为9—5月,稻麦两种作物在时间与空间上,正好填补了彼此的空白,为改变南方平原地区土地利用形式与轮作制度创造了条件(图32)。

从插秧到一年两熟稻麦复种轮作制,经历了不短的历程。唐代中期插秧普遍应用于水田,而稻麦一年两熟复种轮作大约出现在北宋中晚期,北宋文人朱长文在《吴郡图经续记》中写有"刈麦种禾,一岁再熟",告诉我们,那时的太湖平原已经将稻麦复种纳入农作物的种植序列之中。从插秧到一年两熟稻麦复种轮作相隔一百多年,这一百多年,既是水田、旱地相互转变的技术探索过程,也是人口与粮食需求推动技术进步的时代。李伯重曾提到,成书于唐代中晚期的《蛮书》记载,云南"水田每年一熟,从八月获稻,至十一月、十二月之交,便于稻田种大麦"。这难道不是唐代出现一年两熟稻麦复种轮作的证据吗?面对这项记载,我们在肯定唐中晚期云南确实已出现一年两熟稻麦复种轮作制的同时,却不能将此结论延展至长江流域。地理常识告诉我们,云南所在的西南季风区与长江流域所在的东南季风区,有着不同的气候特征,四五月间正逢西南季风区的旱季,十一二月则属于少雨的凉季,无雨的天气帮了稻麦轮作一个大忙,整地、排水都变得容易了一些。东南季风区就不同了,四五月间盛行梅雨,十一二月也不时阴雨连绵。宋人白珽《过东寺》诗中的"江南四月雨凄凄"、元人王冕《梅花其二》诗中的"江南十月天雨霜",描述了春、秋两季江南正是多雨时节。在

---

[1] 万国鼎:《陈旉农书校注》卷上,农业出版社,1965,第31页。

图32 插秧,《耕织图》局部

多雨的季节完成稻麦轮作,技术探索需要一段时间。由于地理环境的差异,至北宋时期江南一带才有了一年两熟稻麦复种轮作制。

发生在1126年的"靖康之难",再次将北方人推向江南。无论百姓,还是姓赵的皇帝,此时南下的都是习惯于面食的北人,在朝野士庶对于面食需求的推动下,稻、麦两季收成中,国家只征一季水稻租税,有力地提升了农户种植小麦的热情。这样一个北人南渡的历史时期,为冬小麦在南方的扩展与一年两熟稻麦复种轮作制的推广提供了机遇。我们在南宋时期的诗文看到许多描写稻麦轮作、起麦秧稻的场景，比如"却破麦田秧晚稻，未教水牿卧斜晖"[1]，"半月天晴一夜雨，前日麦地皆青秧"[2]。冬小麦收割、水稻插秧都在四五月间进行，这是农家最忙的时节，乘着梅雨的间隙，抢种、抢收，"双抢"的紧张与繁忙，至今仍然留在江南农家人的记忆中。

  农业并不是政治的产物，政治却将农业推向进步。北方的战乱成为江南农业发展的契机，一年两熟稻麦复种轮作不仅将江南的土地利用率从100%提升到200%，也让农作物的产量翻了一番。当然，我们话语中的江南并非泛指整个长江以南，而专指太湖平原与长江三角洲地区，一千多年前，这块土地在一年两熟稻麦复种轮作制的支撑下，有着超乎其他地区的富庶，余粮从这里输往各地，民谚"苏湖熟，天下足"，包含着人们对这片土地的赞叹。从古时江南的富庶到今天的学术研究，"中国古代经济重心南移"这一命题最终呈现在了论著与课本之中。

---

1 [宋]杨万里：《诚斋集》卷一三《江山道中蚕麦大熟》。
2 [宋]陈造：《江湖长翁集》卷九《田家谣》。

## 《西厢记》与汉传佛教寺院布局

《西厢记》是元代王实甫创作的杂剧，从那时到今天，这部文学作品经过了反复改编，并被搬上戏剧舞台，成为昆曲、京剧以及各种地方戏的重要剧目，在舞台上大放光彩，堪称古典剧作之冠。当然，这样一部优秀的戏剧也不会在影视作品中缺席，《西厢记》不仅多次走上大银幕，20世纪90年代也数次被改编为电视剧。《西厢记》以各种文艺形式在国内广泛传播，同时也被译成拉丁文、英文、法文、德文、俄文、意大利文、日文等，影响遍及全球。

这样一部影响深远的文学作品，讲的究竟是什么？故事发生在山西永济普救寺，原本无关的两组人物正是在这里相遇，上演了一段才子佳人的佳话。故事的主角是书生张君瑞，以及已故崔相国的千金崔莺莺与崔老夫人，这位姓张的书生因赶考途经于此，崔老夫人一家则因扶送相国灵柩回老家博陵（今河北定州一带），也途经于此。如果没有后来的意外，这两组人物各自离去，便再无相干，没想到叛将孙飞虎听说寺院里借住了一位绝代佳人，顿时起了歹意，率领五千兵马包围寺院，要把莺莺小姐抢走做压寨夫人。寺院僧众无比惶恐，崔老夫人无奈之下当众许下诺言，凡能退兵者，情愿将女儿许配给他。危机之下，借住在寺院的张生挺身而出，修书一封交给一名武僧，送给自己八拜之交的好友白马将军。结果不负众望，白马将军率领兵马，马不停蹄地连夜赶到普救寺，生擒孙飞虎，为崔家解了围。不想，获救后的崔老夫人却食言赖婚，而张生此时已对崔莺莺心生爱恋，相思成疾。几经波折，在丫鬟红娘的帮助下，崔莺莺与张生终于私下相会，各表心愿。不久，两人私会之事被崔老夫人觉察，本想拷问红娘获得信息，反被红娘指责出尔反尔。无奈之下，老夫人勉强答应了婚事，却又以门第为由，令张生立即上京应试。后来，张生考中状元，崔莺莺与张生完婚。《西厢记》全剧贯穿了重爱情、轻功名的思想，在那个时代显然是具有进步性的。

《西厢记》的故事讲完了，也许是"有情人终成眷属"的结局，使其在后世广为流传，但我们却无法从故事的任何一个环节，看到定名为《西厢记》的原因。一个爱情故事，如何以"西厢"为名呢？这就是我们要讲的核心问题——汉传佛教寺院的布局。

寺院既是出家人诵经学戒、生活起居的地方，也是向世俗社会传播佛法的场所，可以说，有了佛教，就有了寺院，寺院成了佛教存在的依托与象征。

古往今来，佛寺的形制与布局在不断变化，中国最早的佛寺白马寺的形制已经无从追寻了，现在能够了解的仅是魏晋时期佛寺的大致面貌。从《洛阳伽蓝记》及其他历史文献中可以知道，当时佛教盛行，不但官方以各种形式修建佛寺，在民间，人们为了表达虔诚，也常常舍宅为寺。民间的宅院能够舍为寺院，说明两者之间在

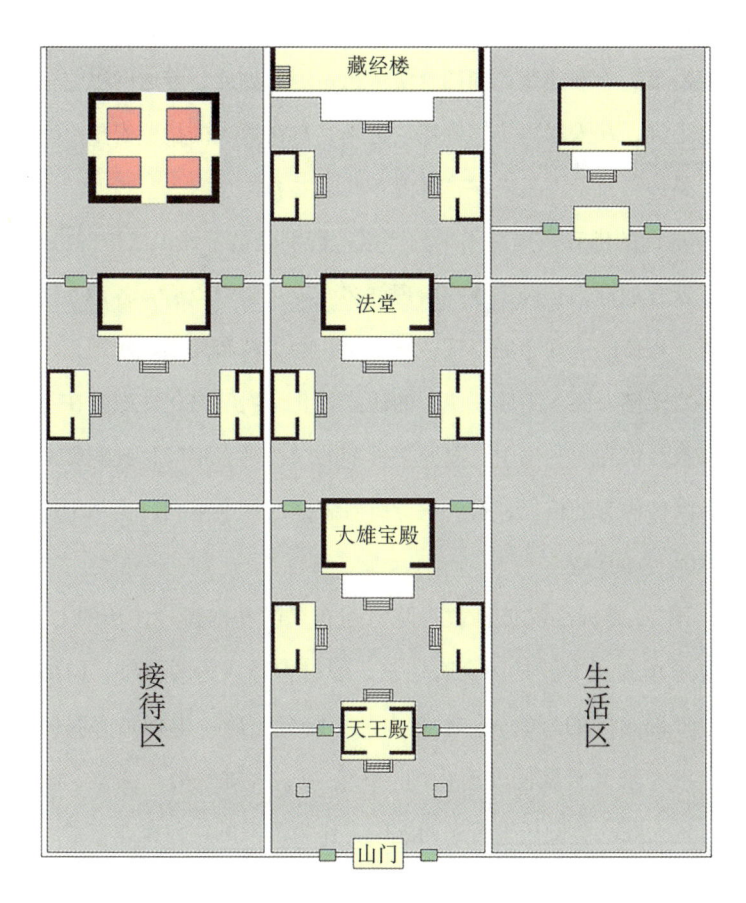

图 33　汉传佛教寺院标准布局

建筑形制与空间布局上没有太大的区别。从魏晋时期的雕塑与壁画可以看到，当时的民宅也好，寺院也罢，基本都是四合院形制。佛教初创时，南亚地区的佛寺只是简陋的石室，但后来便出现了金碧辉煌的高大佛寺。然而，佛教传入中国后，佛爷的起居住所也入乡随俗了，寺院建筑如同四合院。正是因为如此，普通的民宅一旦舍宅为寺，凡人搬出去，佛像请进来，再在适当的位置安放一座佛塔，晨钟暮鼓敲将起来，一座佛寺就诞生了。

早期的佛寺布局并不十分严格，特别是位于深山之中的佛寺，为了就合地形，布局上往往出现许多变异。唐宋以后，各地寺院逐渐有了近似的空间布局形式，随着统一的寺院布局形成规则，也就有了"千佛一面，千庙一律"的说法。北京大学白化文教授在《汉化佛教与佛寺》一书中，复原了标准的汉传佛寺格局，我们就本着标准汉传佛寺的格局，看看佛寺有着怎样的标准空间，再从中追寻《西厢记》的得名。

图33是标准汉传佛教寺院空间布局的基本模式，从图上看，寺院采用的基本就是四合院建筑，即以中轴线为对称轴，内部对称，外部封闭的型制。一般较大的寺院分三路，中路是寺院的主体，沿中轴线自南向北有山门、天王殿、大雄宝殿、法堂、藏经楼，各大殿的两侧还设有东西配殿，作为配殿的往往是迦蓝殿、祖师堂、观音殿、药师殿，可以说，中路是佛寺从事宗教活动的基本场所。东路与西路的功能就不同了，一般东路为僧人的生活区，这里包括僧房（宿舍）、香积厨（厨房）、斋堂（饭厅）、职事堂（库房）、茶房（接待室）等。西路则为寺院的接待区，大型寺院往往需要接待远道而来的香客，设在西路的房屋就具有寺院内部招待所

的功能。从各类历史文献的记载来看，有时上香、还愿的香客居住的时间很长，《西厢记》中崔莺莺与张生的爱情故事本与寺院无大关系，但故事发生的场所恰恰位于寺院西路的接待区，于是便以"西厢记"为名。有人说，《西厢记》的命名因西厢房，其实西院接待区未必都是西厢房，还有正房与东屋，但无论房屋的朝向如何，都位于西院接待区。

我们从《西厢记》走进了佛教寺院，不妨来看看寺院的核心——中路是如何布局的。寺庙是佛爷们享受人间香火的地方，也是佛国众神的"家"。但凡是个人家，总是有主人的，佛寺的主人当然是众神了。佛教的宗旨在于普度众生，但众神之间仍有高下、"主仆"之分，身份不同，在寺院中居处的位置自然也有别。

## 一、山门

一般汉传佛教寺院的头道大门称为"山门"。佛寺多修建在深山之中，隐居山中的寺院与山外世界，形成了佛国净土与世俗社会的区别，而且"山中"也成为世俗百姓对佛国的代称，于是有了"山中一日，世间千年"的说法，这在明清小说中屡屡可见。既然山已不是通常的山了，那么进入寺院的门槛自然可以称为"山门"了。山门一般建成三开间的屋宇型大门，取"三解脱门"之意，即空门、无相门、无作门。

山门在寺院中的功能相当于门房，门内一般有两尊金刚看护寺门，这就是通常所说的"哼哈二将"。据《大宝积经》卷八《密迹金刚力士会》所载，金刚力士原本只有一尊，就是法意太子，他发誓皈依佛法后，要做金刚力士，跟随佛左右，后来他成了五百执金刚力士的首领，自此自然少不了领班看家护院的职责。中国人什么都喜欢成双成对，一尊金刚总不习惯，后来还是添了一位，变成两尊金刚双双立在门内。这两尊金刚中，一尊张口怒目，一尊闭口怒目，其中张口的呈现的正是梵文第一个字母"阿"的发声口型，而闭口的呈现的则是梵文最后一个字母"吽"的发声口型，这一张一闭代表了梵文的全部读音。然而，中国百姓并不想追究两尊金刚面貌的深意，不但按照自己的理解将他们变成了土生土长的中国神，而且还给他们起了实实在在的中国名姓，这就是郑伦和陈奇。有关郑伦和陈奇如何成为哼哈二将，《封神演义》有这样的记述，子牙曰："今奉太上元始敕命，尔郑伦弃纣归周，方庆良臣之得主。督粮尽瘁，深勤跋涉之勩劳。未膺一命之荣，反罹阳九之厄。尔陈奇阻吊伐之师，虽违天命，尽忠节于国，实有可嘉。总归劫运，无用深嗟。兹特即尔等腹内之奇，加之位号。敕封尔等镇守西释山门，宣布教化，保护法宝，为哼哈二将之神。"经过这样一番汉化，两尊金刚口念的梵文就变成了一哼一哈，那南来的笃志护法的法意太子，不但没了名姓，而且没了岗位。

**二、天王殿**

佛门净土仅靠哼哈二将守门尚显不足，天王殿就成了寺院的第二道岗。站立在天王殿为佛护法的是四大天王和韦陀。

明清佛寺中的四大天王分别为：东方持国天王，身白色，手持琵琶；南方增长天王，身青色，手持宝剑；西方广目天王，身红色，手持赤索；北方多闻天王，身黄色，手持珠伞一把。四大天王均身着甲胄，中原武将打扮。细究起来，四大天王亦非汉将，也有如哼哈二将一样的来历。在印度佛教中，四大天王本住在须弥山上，"各护一天下"，分别执掌须弥山四方的东胜身洲、南赡部洲、西牛贺洲、北俱芦洲四大部洲。佛教传入中国后，四大天王经西域一路东行，先换上西域武将的装束，又在中原寺院中住了下来，改为汉将的模样，经过不断汉化，至明清定型，成为今天所见的样子。

四大天王中，北方天王的汉化过程最复杂。在古代印度教中，这位天王既是北方的守护神，又是财富之神，因此信徒最多。唐代的敦煌壁画中，北方天王画作金身，左手托宝塔，右手持三叉戟，脚踏三夜叉，身旁有夫人、太子、天女、罗刹等家眷、部下跟随，威武风光。

宋元后，北方天王进一步汉化，财神的职能暗中被取消，随着人们崇拜的冷淡，四位天王的地位逐渐平衡。与此同时，从北方天王身上又分化出一位"托塔李天王"，经过这一分化，北方天王不但丢了法宝，还丢了家眷，原本跟随自己的几位太子，竟成了李天王李靖的儿子。李靖这一完全汉化的天将，"抢"了北方天王的一切，也不好继续在佛门效力，于是摇身一变，成了玉皇大帝灵霄殿前的统兵将领，那几位太子，除哪吒跟随父亲当了前部先锋官，金吒、木吒倒没忘本，双双做了菩萨的徒弟。

四大天王的最后汉化是在《封神演义》中完成的。小说将他们的前身描写为佳梦关魔家四将，即魔礼青、魔礼红、魔礼海、魔礼寿四兄弟。他们经异人密授奇功幻术，一般人难与为敌，姜子牙率领的西岐军队屡败其下，后来还是请杨戬助战，才最终获胜。姜子牙助周灭商后，奉元始天尊之命大封诸神，魔家四将也在受封之列,被封为"四大天王之职,辅弼西方教典,立地水火风之相,护国安民,掌风调雨顺之权"。

再来说韦陀。韦陀面向大雄宝殿站立,为中国青年武将装扮。据说,他原本是婆罗门教中的一位天神,唐代被说成南天王部下的一位天将,在《封神演义》中则被进一步汉化为道行天尊的弟子韦护。

与前五位护法将军都有一番海外关系不同,位于天王殿正面、与韦陀一壁之隔的还有一位弥勒佛。这位弥勒佛体胖肚圆,身背布袋,是一位土生土长的中国僧人。据说,这位和尚名叫契此,五代时人,常携布袋穿行闹市中,袋中百物俱全,后来圆寂于浙江奉化岳林寺,并留下一道耐人寻味的遗偈:"弥勒真弥勒,分身百千亿,时时识世人,时人总不识。"这道遗偈为契此和尚增添了许多神秘,不管他是真弥勒也好,假弥勒也罢,中国百姓喜欢他,于是天王殿就多了一尊胖弥勒。为了区别主持未来世界的弥勒佛,人们也将他称为大肚弥勒,或布袋弥勒。大肚弥勒虽然笑口常开,却洞察世事,别的不提,他身旁的那副富有哲理的对联就可以说明一切:

大肚能容,容天下难容之事;
开口便笑,笑世上可笑之人。

### 三、大雄宝殿

穿过天王殿,就是大雄宝殿了,这里既是寺院的主体建筑,也是供奉佛祖的大殿。大雄,是称释迦牟尼佛威德高上的意思。

大雄宝殿上作为主尊供奉的佛的数目，随着时代与宗派的变化有所不同，多为一尊、三尊，也有五尊、七尊。

（一）一尊佛

大雄宝殿供奉的一尊佛可能是释迦牟尼佛或阿弥陀佛。若是释迦牟尼佛，则往往为坐像或立像两种形象。释迦牟尼佛的坐像多呈"成道像"或"说法像"，一般左手下垂，持"与愿印"，表示能满足众生的愿望，右手屈臂上伸，持"施无畏印"，表示佛能解除众生的苦难。

阿弥陀佛是梵文"无量寿佛"的音译，为西方极乐世界的教主，这位佛爷除了主管西方世界，还兼接引佛门信徒往生西方净土。阿弥陀佛接引众生常作两种手姿：一种右手作"与愿印"，左手当胸，掌中持莲台；另一种双手作接引众生的手印。阿弥陀佛接引的手印可分九种，众生在人间的作为不同，西方极乐世界为其安排的位置也不同，这样的位置一共有九等，但凡好事做得多的，品级自然就高，应属上上之品；好事做得少的，就要屈居中、下之品了。九种手印代表九种品级，依善行多少而确定来世的品级，原本是佛门劝善的举措，但在人世间已然看够了门第品级的百姓，不愿意在来世仍居他人之下，于是人人争相持香火趋向寓意上上品的佛，其他八个品级的佛前均显冷落。既然那八尊佛不受欢迎，为了迎合百姓的需要，干脆只造一尊持上上印的接引佛反而方便，于是在各处佛寺中，但凡供奉阿弥陀佛，几乎均为持上上印者，九佛同列的场面大概只能在大足石刻中看到了。

（二）三尊佛

大雄宝殿中同列三尊佛像是最常见的，同时也是最复杂的，主

149

要分为这样几种类型：1.三身佛。三身佛为天台宗提倡，此三身即法身佛、报身佛、应身佛。法身佛指佛因先天就具有的佛法而体现的佛身，梵文音译为"毗卢遮那佛"。报身佛指以法身为因，经修习而获得佛果之身，梵文音译为"卢舍那佛"。应身佛指佛为度脱众生而显现之身，即释迦牟尼佛。三身佛在塑造时，往往居中的是法身佛，左为报身佛，右为应身佛。2.横三世佛。横三世佛是指东、中、西三个空间世界的主佛，一般大雄宝殿中居中的是娑婆世界的主佛释迦牟尼佛，右侧为西方极乐世界的主佛阿弥陀佛，左侧为东方净琉璃世界的主佛药师佛。有些佛寺中，还有胁侍分立在横三世佛两旁，一般释迦牟尼佛左右侍立文殊、普贤两菩萨，阿弥陀佛两侧侍立观世音、大势至两菩萨，药师佛两侧侍立日光、月光两菩萨。3.竖三世佛。竖三世佛指时间世界的三尊主佛，大雄宝殿中，位于正中的是现在佛，即释迦牟尼佛；左侧为过去佛，即燃灯佛；右侧为未来佛，即弥勒佛。

（三）五尊佛

大雄宝殿供奉五尊佛的情况不多，现位于山西大同的华严寺即供奉五方佛，又名五智如来。五智如来分别是东方阿閦佛，南方宝生佛，中央毗卢佛，西方阿弥陀佛，北方不空成就佛。

（四）七尊佛

现存大雄宝殿供奉七尊佛的，只有辽宁省义县奉国寺一处，这七尊佛位于中间的为释迦牟尼佛，其余六尊均为过去佛（图34）。

图 34　辽宁义县奉国寺七尊佛

## 四、法堂

也称讲经堂,是寺院举行佛事活动之处。

## 五、藏经楼

这是收藏整个寺院珍贵经卷的地方。

我们已遍览了佛寺,领略了佛门的风采,再度回顾《西厢记》,故事已经远去,但普救寺依然矗立在永济市。21世纪是旅游业发展的时代,普济寺有如此广为人知的故事,自然不会错过这样的机会。走进当代的普救寺，寺院布局与标准的汉传佛寺已有明显的不同，且充满当代气氛，还有时尚文人撰写的对联。

上联：从情始以情终，字字情句句情，一章一节一回一折一本书里全写的是情，西厢记中人物皆为情生，真个情憾天地。

下联：惜情来慕情去，人人情纷纷情，一砖一石一草一木四堵墙内无处不是情，普救寺里和尚也是情种，好个情染境界。

见此对联，那段爱情似乎天设人定，就该发生在这座寺庙中，只是故事的背景地早已不复当年景象。

# 岭南的瘴气与珠玑巷移民

岭南，是指今天的广东、广西，因地处横亘东西的南岭之南，而得此称。今天的岭南是人们向往的地方，不仅拥有高居全国首位的GDP，更拥有独具魅力的自然风光，成为游客流连之所，可历史上的岭南却是一处烟瘴之地。且不说唐、宋时期，在几百年前的明代，仍然有这样的说法："南方瘴疠，岭南特甚，谚云：春、循、梅、新与死为邻，高、窦、雷、化说着也怕。"[1]让人"说着也怕"的便是岭南的瘴气，那么，瘴气是什么？

岭南气候炎热，长夏无冬，林木繁多，这些今天看来十分优越的地理条件，在科学技术落后、人口稀少的古代，却是地区开发的巨大障碍。"瘴气"就产生于南亚热带丛林中，宋人周去非在《岭外代答》中这样描摹瘴气：

> 南方凡病皆谓之瘴，其实似中州之伤寒。盖天气郁蒸，阳多宣泄，冬不闭藏，草木水泉，皆禀恶气。人生其间，日受

---

1 [明] 姜南：《蓉塘詩話》卷一六《岭南八州》。

其毒，元气不固，发为瘴疾。轻者寒热往来，正类痁疟，谓之冷瘴。重者纯热无寒，更重者温热沈沈，无昼无夜，如卧灰火，谓之热瘴。最重者，一病则失音，莫知所以然，谓之哑瘴。冷瘴未必死，热瘴久必死，哑瘴治得其道，间亦可生。[1]

古人言语中的瘴气究竟是什么？宋代岭南人口稀少，农业开发程度低，大部分地区仍保持着南亚热带原生态的植被，森林茂密，树木郁闭，动物繁多，因而林中常年积存着大量动植物遗体，腐烂后便散发出"毒气"。现在我们都知道，一地发生地震，最紧要的是先救活人，其次掩埋尸体，并进行消毒防疫。原始森林中动植物的遗体，自然没有人掩埋，常年聚集的腐烂物产生"毒气"，当地人久居于此已经适应，而内地人初来至此，水土不习，往往为瘴气所中，稍甚即被夺去性命。宋代，广西昭州、广东新州因瘴气郁盛，有"大法场"之称[2]。宋人所谓"大法场"虽然只有这两个州，但是瘴气之害几乎遍布岭南各地，处处都可伤人毙命，如"春州瘴毒可畏，凡窜逐黥配者必死"[3]。英州也有"小法场"之称[4]，瘴毒之甚，仅略逊于昭、新二州。故南宋时期曾在静江府（今广西省桂林市）任职的范成大说，两广无瘴之地唯有桂林，"自是而南，皆瘴乡矣"[5]。由于瘴气的存在，内地人视岭南为"畏途"，严重阻碍了人口的移入。

---

1、2、4　[宋]周去非：《岭外代答》卷四《风土门》。
3　[宋]周密：《癸辛杂识》前集《改春州为县》。
5　[宋]范成大：《桂海虞衡志·杂志》。

岭南距离人口稠密的中原地区路途遥远，因此，历史上由于社会动乱而引发的人口南迁，往往是由河至淮、由淮至江，再由江至闽、至粤，逐次南徙，在其他地方尚可容足的情况下，很少有人投身岭南。虽然自东晋南朝开始，在几次大的人口南迁浪潮中，也有一定数量的移民进入岭南定居，但为数不多的拓垦者付出的努力，并没有对改变岭南的面貌起到很大作用，直到北宋时期，这里仍是令人望而生畏的烟瘴之乡。宋代岭南人口稀少，以致官府一反惯例，各州的令佐、监押"并用广南人充"，只留得一名知州归由朝廷派遣，非岭南人担任。[1] 由于环境险恶，朝廷还特将当地知州的任期由定例的三年一任改为一年一任，并优其秩奉，以示奖勉。但即使这样，也没有人甘愿万里投荒。来这里赴任的官员，不是开罪了朝廷，就是冒犯了权贵，大多都是受贬谪而至。岭南这种环境特点，不但阻碍了人们的开发进程，同时也在开发利用过程中留下了深深的独特印记。

居住在岭南地区的汉人，绝大部分是由内地迁入的。早在秦始皇统一六国时期，朝廷就派发了五十万士卒戍守五岭，这大概是内地汉人大规模进入岭南的最早记载。其后，中原地区每次发生大规模动乱，都或多或少有一部分内地居民避乱于岭南。南宋以后，进入岭南的移民除躲避战乱之外，还有相当一部分人是为了寻觅土地，如南宋人周去非所讲的来自福建的"射耕人"就是其中一部分。正由于内地移民是岭南人口的重要来源，因此这里的人口分布呈现出与人口流动路径完全吻合的特征。依据元丰初年全国各州

---

[1] 《续资治通鉴长编》卷九五，天禧四年六月甲申。

的户口数，可以计算出岭南各州的人口密度。我们在图35中看到，人口密度最高的桂州为43.6人/平方公里，除此之外，人口密度超过20人/平方公里的有广州、韶州、循州、潮州、连州、贺州、南雄州七州，这样的人口密度其实很低，但在岭南却可以视作人口集中的高值区。

关于岭南各州的人口分布，我们需要关注的是其中的地理问题。所有人口高值区按照其地理位置可以划分为两类：一类是当地的海港码头，另一类处于陆路交通要道。

属于第一类即海港码头的，只有广州。广州是中国南海最早的通商港口，也一直是岭南的政治、经济和文化中心，地区开发程度较高，有良好的生产和生活基础，因此吸引了许多人移居此地。早在汉代，广州即已成为引人瞩目的海内外货物集散地，从唐代开始，这里正式设立了市舶司，管理日趋繁盛的对外贸易活动。入宋之后，广州是宋朝沿海诸港中第一个设立市舶司的城市。在日益兴旺的对外贸易刺激下，不仅内地汉人纷至沓来，也吸引了许多海外商人在此定居。北宋景祐年间，朝廷诏令"广州海南番商毋得多市田宅"[1]，这说明广置田宅、侨居广州已经是海外番商的通行做法。

属于第二类的人口密度高值区，包括桂州、韶州、潮州、循州、连州、贺州和南雄州，均处于翻越南岭进入两广的道路出口处。我们熟悉的南岭，也被称为五岭，指的是南岭拥有的五座山体，自西向东分别是越城岭、都庞岭、萌渚岭、骑田岭、大庾岭。五岭山体之间往往构成岭北、岭南往来的通道，其中最为重要的有

---

[1] 《续资治通鉴长编》卷一一八，景祐三年四月辛亥。

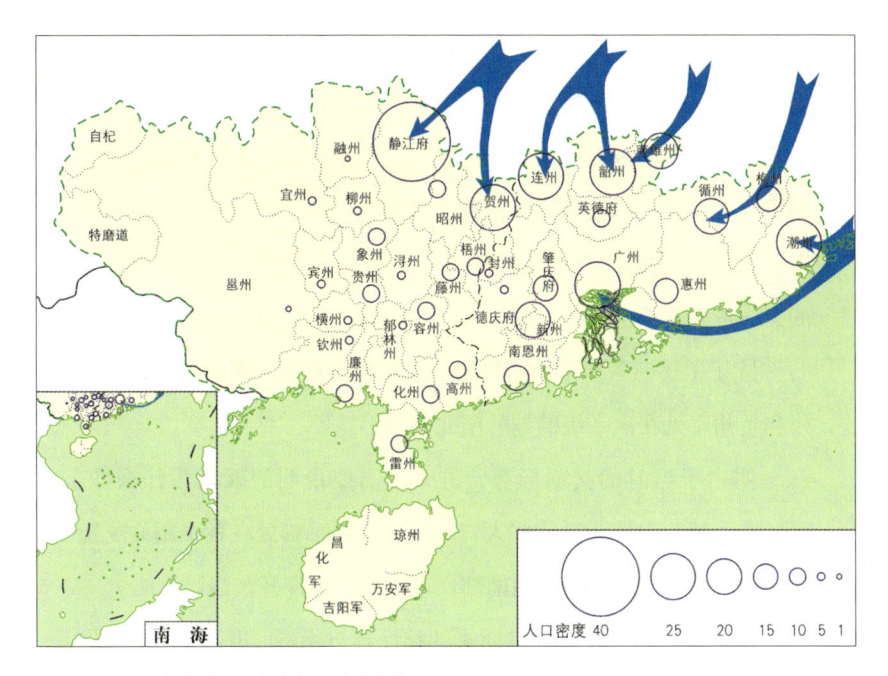

图35 宋代岭南人口密度与主要越岭道路

三条，自西向东依次为湘桂道、骑田道、大庾道。湘桂道是一条以水路为主的通道，由湘江经灵渠下漓江而至桂州，一般去广西的人多经此路。骑田道由湖南衡、郴等州越过骑田岭，进入韶州，大庾道由吉、赣等州越过大庾岭，至南雄州，这两条道路在韶州合为一路南下，使这里的交通尤为繁盛（图35）。

　　同属于翻越南岭的陆路交通，大庾道一线路途比较通畅，北宋人余靖谓此道：只有九十里需要骑马，其余路程都在船上，于是"全家坐而致万里"[1]。正是如此，若从中原沿汴河南下转赴岭南，或

---

1 [宋] 余靖：《武溪集》卷一五《韶州真水馆记》。

从人烟稠密、经济发达的长江下游地区去往岭南，从江西走大庾道确实要比从湖南走湘桂道捷近，这应当是人们乐于取道大庾岭的一个重要原因。南宋迁都临安以后，朝廷官吏往来，走江西大庾岭一路更为近便了，故南宋人陈渊称江西赣州一路不仅"贵人达官常往来"，而且"朝廷之有事交广者，出入必过"[1]。因此，南雄州和韶州的交通往来自然也日益繁剧。

除了上述三条要道上的桂州、韶州和南雄州，潮州、循州、连州和贺州都处在次一级的越岭南北通道上。

明白了当时的交通形势，进一步需要说明的就是为什么桂、贺、连、韶、南雄、循这些人口高值州，几乎都处在各个越岭通道的南出口，且沿着南岭山地南部，东西向一字排开？

南宋年间，从岭北迁徙而来的移民越过南岭，进入了一个新的环境，他们大多在山口地带停下来，不再继续南下。路途艰辛，人们宁愿就近落脚，以适应新的环境。在岭南首先需要适应的，自然是炎热的气候与瘴气。越岭而南，越向南气温越高，瘴气也远而逾甚。相对而言，南岭山前，来来往往的道路出口处，瘴气要稀薄得多。这就是宋人称桂林气候与江浙颇相类，而过桂林城南数十里则大为不同，"宜人独桂林"的道理[2]，而内地人惧怕的瘴气也是"唯桂林无之"[3]，因而在桂林落脚定居的人最多，人口密度远远高于岭南各州，甚至比广州还要高46%。与桂林相似，其他山口之处也是如此。

---

1 [宋] 陈源：《默堂集》卷二一《陈伯瑜宣义行状》。

2 [宋] 周去非：《岭外代答》卷四《风土门》。

3 [宋] 范成大：《桂海虞衡志·杂志》。

进入岭南的移民往往会在山口地带停留一段时间，或许一代、两代，或许更长，当他们适应了当地环境，变成了当地人，自当继续南下。人多了，自然环境也发生了变化，农田开始取代原始植被，一些地方的瘴气也随之淡去。新州素有"大法场"之称，环境险恶。北宋人邹浩说："新州，最为恶地，飓凌空而飞瓦，瘴暝昼以成烟。"在这种环境下，即使当地土著居民，"亦多沉疾"，外乡人至此，自然也就如入法场了[1]。显然，这时还很少有内地移民前来居住。但到南宋初年，情况就大为不同了，宋代理学家胡寅在诗中描述了新州风土的变化："新州州土烝岚瘴，从来只是居流放。于今多住四方人，况复为官气条畅。"[2] 可见，这时新州已经由罪囚放逐之地，变成了四方移民的家园。既然被视为"大法场"、环境最为险恶的新州都已经荟萃四方之人，那么广东那些自然条件更好的地方更应如此。

广东珠江三角洲一带流传着一个关于珠玑巷移民的传说。珠玑巷在哪儿？在南雄，对此清人屈大均在《广东新语》中载："吾广故家望族，其先多从南雄珠玑巷而来。盖祥符有珠玑巷，宋南渡时诸朝臣从驾入岭。至止南雄……"明清时期，广州府各家族撰写家谱，叙及祖先，都将祖先迁出地落在珠玑巷。这些家谱以及方志告诉我们，从珠玑巷南迁的姓氏有一百五十多个，其所形成的家族以及支系就更多了，几乎遍布珠江三角洲，甚至更远的地方。珠玑巷移民，几乎成为岭南追溯祖先的共同根源。

---

1 [宋]邹浩：《道乡集》卷二四《袁州与监司启》。
2 [宋]胡寅：《斐然集》卷二《赠朱推》。

为什么是珠玑巷呢？珠玑巷位于南雄，南雄正当大庾道，大庾道又是各条越岭通道中往来最为便利的，从这里过往的人多，留居在山口南雄的人也最多。这些南下移民落脚在南雄，一代、两代之后，再迁移到珠江三角洲，待一切都稳定下来，回忆祖先的往事，早已不知曾经在岭北的家乡为何地，能够忆起的只有越岭后的第一站——南雄珠玑巷。

如今，珠玑巷仍然保留着当年的古街、古巷，矗立在那里的一座石碑上，镌刻着一百五十多个从那里迁出的家族姓氏，这是他们的祖先到岭南之后初落脚的地方，并由此开枝散叶，成就一段记忆。

历史在发展中，会改变一个地方，也会为一个地方带来新的契机。岭南、珠江三角洲就是如此。明人王士性曾经有过这样的预言："今日东南之独盛也，然东南他日盛而久，其势未有不转而云贵、百粤。"从王士性的时代至今四百多年，预言早已实现，瘴气没了，2021年的广东一跃登上全国GDP的第一位。回顾岭南历史，这片土地上有着与黄河、长江流域完全不同的开发进程，迎来的是他处没有的辉煌。

## 游牧时光：草原游牧方式

民歌《游牧时光》描述了牧民漂泊的游牧生活，苍劲浑厚，意味绵长。它感动了许多人，也带走了许多心，不知有多少人听着这首歌走向草原，渴望换一个在心里放马的地方。然而，草原上真实的游牧生活是怎样的？每一个迁徙的牧场又是什么样的景象呢？

中国大地上有一条隐形的界限，这就是年降雨量400毫米等值线，我们看得见这条界限落在地图上，但踏上那片土地却无法找到它的落痕，就是这样一条隐形的界限界分了中国的东西。年降雨量400毫米等值线与青藏高原东缘衔接，东部湿润多雨，西部干旱多风，东西两地景色迥然，民生迥然。

环境打造了景观，也限定了人们的生业。从中国国家版图着眼，草原畜牧业区拥有的空间几近半壁河山。由于降雨量的制约，中国西部只能在可以灌溉的小块土地上发展农业，黄河河套以及天山、昆仑山、祁连山冰雪融水滋润的绿洲都属于这样的区域。走出小片农田，广大的西部，畜牧业是这里的主旋律。内蒙古高原牧场、新疆山地牧场、青藏高原牧场是中国西部三大牧场，历史上生活在这里的人们，最早被称为戎、狄。从战国时期开始一路走来，我们会看到匈奴、乌桓、鲜卑、氐、羌、柔然、吐蕃、突厥、回纥、铁勒、沙陀、吐谷浑、室韦、党项、契丹、奚、蒙古等民族，先后称雄于草原。说起游牧民族，日本学者杉山正明在《游牧民的世界史》中提出了"欧亚世界史"的构想。他认为，一体化的欧亚世界在15世纪之前早已出现，比"地理大发现"以来"全球世界史"的开端更早，而做出这份贡献的是游牧民族。游牧生活以及飓风般的军事行动，将欧亚各地连接成一个地理空间体系。然而，无论研究欧亚大陆的历史，还是讨论一个族群的兴衰，草原民族在历史舞台上的军事雄姿始终是人们关注的亮点，支撑军事力量的物质基础——草原游牧业却往往成为配角。任何一个社会，经济基础都是决定上层建筑的根本，那么，能够托起这些伟大民族的草原游牧业拥有怎样的经营方式呢？

游牧意味着流动，草原游牧业在流动中走过四季，处处是家，处处无家，人们用"逐水草而居"概括了这一切。逐水草的游牧生活是个谜，翻开中国历史文献，在那浩瀚的卷本中，很难看到完整的游牧生活记录。这就是表3列出的"二十四史"中的相关记载，"随水草畜牧"概括了一切。古人但凡提及草原，出现的文字几乎相同，少有细节，少有说明，更少见游牧生活的一年四季。然而，无论走进草原，还是体味中国历史上东西之间的武力争雄，解读"逐水草"是了解这一切的起点，因为这是游牧生活的根本。

任何一种生产方式，都存在属于自己的关键性技术内涵，游牧生活的技术内涵在于"移动"。迁移本身并没有深刻的理论，一地的牧草被吃光，不能在次日更新，然而草原是广阔的，眼前的草没了，别处却有，转移放牧地点成为满足畜群需要的必然选择。迁移是游牧业的基本节律，为了追寻水草丰美的草场，游牧社会人与牲

**表3　历史时期主要草原民族与游牧方式**

| 民族 | 资料内容 | 资料出处 |
| --- | --- | --- |
| 匈奴 | 居于北蛮,随畜牧而转移。 | 《史记》卷一一〇《匈奴列传》 |
| 乌桓 | 随水草放牧,居无常处。以穹庐为舍,东开向日。食肉饮酪,以毛毳为衣。 | 《后汉书》卷九〇《乌桓传》 |
| 鲜卑 | 广漠之野,畜牧迁徙,射猎为业。 | 《魏书》卷一《序纪一》 |
| 吐谷浑 | 恒处穹庐,随水草畜牧。 | 《魏书》卷一〇一《吐谷浑传》 |
| 突厥 | 被发左衽,穹庐毡帐,随逐水草迁徙,以畜牧射猎为事,食肉饮酪,身衣裘褐。 | 《北史》卷九九《突厥传》 |
| 回纥 | 居无恒所,随水草流移, | 《旧唐书》卷一九五《回纥传》 |
| 吐蕃 | 其畜牧,逐水草无常所。 | 《新唐书》卷二一六《吐蕃传上》 |
| 契丹 | 逐寒暑,随水草畜牧。 | 《北史》卷九四《契丹传》 |
| 奚 | 随逐水草,颇同突厥。 | 《北史》卷九四《奚传》 |
| 蒙古 | 自夏及冬,随地之宜,行逐水草。 | 《元史》卷一〇〇《兵志三》 |

畜均作定期迁移,有冬夏之间季节牧场的变更,也有同一季节内水草营地的选择。

回顾历史,从牧人跃上马背,驱赶畜群走向草原那刻至今,草原上的游牧生活已经延续三千多年的时光。三千多年中,牧民在不断探索草原,寻求草原与畜群的关系,逐水草而居正是他们为畜群持续获得水草而建立的游牧方式。

古人用"逐"表示移动,就文字力度来看,"逐"或"追逐"远在"移动"之上,用强烈的语感表达流动的游牧生活,为人们留下了深刻印象。那么,游牧生活追逐的是什么呢?畜群以草为生,自然是在追逐牧草,这样的理解当然没错,若再深入探讨,说牧民追逐的是季节可能更为贴切。牧草与自然界中的植物一样,仰仗水、热、土而生，一年四时不同，冷暖各异，牧草因之兴衰轮回，这一切为牧民在季节变化中区别利用草资源提供了条件。

游牧生活依赖水草而存在，划定季节牧场的原则自然也建立在这样的基础上。保证每个季节牧草有良好的再生能力，且植物成分不因放牧而被破坏，这是选择一处放牧地的前提。另外，饮水条件以及牧草生长状况能否满足畜群的需要也很重要。在这样的原则下，牧民会根据牧场自然环境，划分春、夏、秋、冬四季营地，或春、夏、冬三季营地，抑或冬、夏两季营地。农耕生产讲究因地制宜，游牧生活奉行待时而动。"待时"是指逐水草的时序，农民的四季都留在同一块土地上，牧民的四季却要分配给不同的牧场。四季间，草原上不同地形、不同方位，以及不同区域内，温度与水草资源都不相同，牧民会利用水草资源的时空差异，选择最有利的放牧地点，顺应四季变化把握移动时机，改变放牧地，安排畜群转场，从一处到另一处，逐步形成季节牧场。

最初的游牧生活可能无序，从无序到有序，经过了一辈又一辈人的反复探寻，时空有序的放牧地最终跃然于草原上。草原上何时形成季节牧场尚无法断定，但汉代文献中，已经有了关于季节牧场的记载，《汉书·西域传》载："康居国，王冬治乐越匿地……越匿地马行七日，至王夏所居。"康居属于行国，为西汉时期居于楚河流域的草原民族。对于此段引文，颜师古注曰："王每冬寒夏暑则徙，别居不一处。"冬夏居地，相距约马行七日的距离。此后，《魏书·西域传》载："嚈哒国……无城邑，依随水草，以毡为屋，夏迁凉土，冬逐暖处。"《辽史·营卫志》载，契丹五院部"大王及都监，春夏居五部院之侧，秋冬居羊门甸"，六院部"大王及都监，春夏居泰德泉之北，秋冬居独庐金"。《元史·兵志》载，蒙古人"自夏及冬，随地之宜，行逐水草，十月各至本地"。尽管这样的记载留下的不多，但可以看到，无论康居、嚈哒，还是契丹、蒙古人，划分季节牧场，四季依次迁徙，已然成为传统。

季节牧场的划分依托四季变化，每个季节牧场的环境选择自然不同。季节牧场的驻留处也称为营地，中国北方春营地的利用时间较长，经过严寒而漫长的冬天，牲畜体衰羸弱，且值接春羔时期，放牧地往往选在向阳开阔、牧草萌发早的地带。春天的牧场风大气寒，避风也是选择营地的重要指标。经冬至春，牧人终于迎来了夏天，这是一年中最欢快的日子。夏日的阳光温暖着草原的每一个角落，地势高爽、通风防蚊的岗阜，以及林边草地或河、湖岸滩，其他季节不宜放牧的地带往往成为夏营地的选址。富有营养的牧草更是牲畜的选择，谁吃了好东西不发胖呢，牧人们称夏天是牲畜抓膘的季节。秋天来了，牧人赶着畜群，将营地安放在开阔的川地或滩地，每年这个时候都是牲畜交配的季节，也需要优良牧草储存体力，迎接严冬，秋营地的选择同样马虎不得。转眼冬天又到了，每年11月中下旬，内蒙古草原上的牧民便开始转向冬营地。北方的冬季很长，冬营地利用的时间也同样长，为了躲避寒冷与风雪，营地一般选在向阳背风的洼地，这样的地方积雪不能太厚，否则牲畜无法获得埋在雪下的牧草。冬季是一年中最严酷的季节，遇到大风雪，人、畜都面临着巨大的威胁，牧民固然会十分谨慎地选择冬营地的位置，但谁又能保证冬天里无风无雪呢（图36）。

中国三大牧场中，位于新疆的天山、昆仑山、阿尔泰山都属于山地牧场。山地地形复杂，山上山下环境迥异，这里的四季牧场与

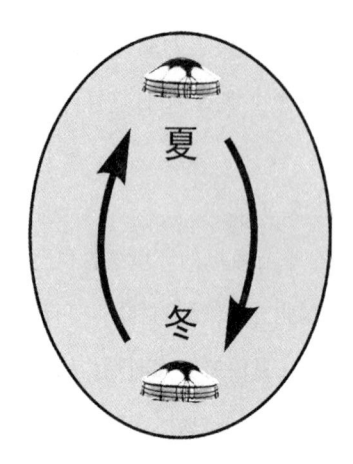

图36 冬夏季节牧场示意图

高原牧场的地形选择自然不同。冬营地通常选在山脚或背风向阳的山坳,春秋营地一般选在山麓、戈壁边缘地带,夏营地往往在高山或亚高山,每年由冬春到夏秋,畜群由山下到山上,又由山上到山下,随营地定期转移(图37)。

一年四季,游牧生活在流动中走过。"春天,牧人追逐着融化的雪线北上,秋天又被大雪驱逐着渐次南下,不停地出发,不停地告别。春天接羔,夏天催膘,秋天配种,冬天孕育,羊的一生是牧人的一年。"这是来自阿勒泰的青年作家李娟写在《冬牧场》中的淡淡伤感,只有走过阿尔泰山中的风雪牧道,才会对游牧生活有这样切身的体会。

游牧社会是一个整体,但每个放牧者都从属于一个家庭,他们分散在草原的四面八方,不仅有着各自的营地,且从往古到如今都遵守、依循着共同的准则营建季节牧场。元人王恽记述了蒙古牧人的季节牧场:"遇夏则就高寒之地,至冬则趋阳暖薪水易得之处以避之……逐水草便畜牧而已。"[1] 马可·波罗也看到了这样的现象:"鞑靼冬居平原,气候温和而水草丰肥,足以畜牧之地。夏居冷地,地在山中或山谷之内,有水、林、牧场之处。"[2] 13世纪进入蒙古草原的西

---

[1] [元]王恽:《秋涧先生大全文集》卷一〇〇《纪行》。
[2] [意]马可·波罗著,冯承钧译:《马可波罗行纪》,商务印书馆,2012,第238页。

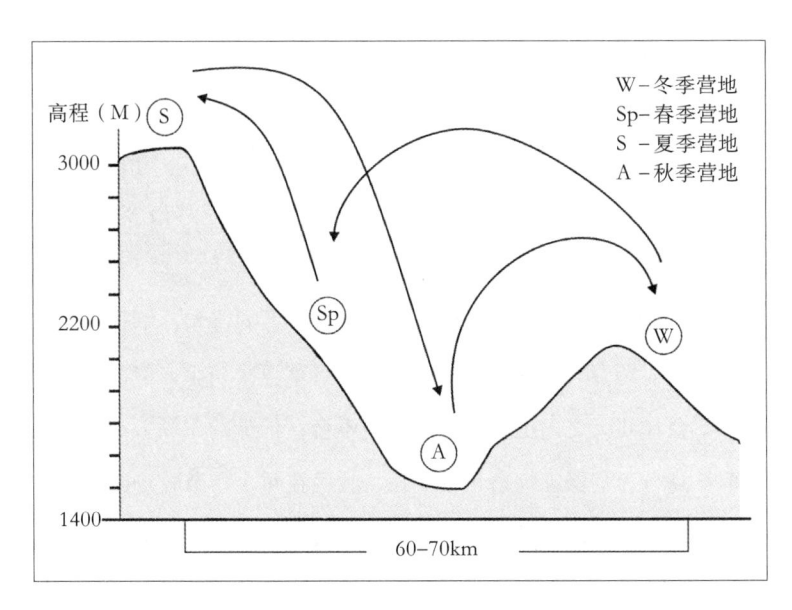

图 37　天山山地季节牧场示意图

方传教士鲁木鲁乞记载了同样的游牧方式：鞑靼人没有固定的住处，"冬季他们到南方较温暖的地区；夏季到北方较寒冷的地方"[1]。

吃一片，留一片，循序利用，季节牧场建立在畜群最有效利用水草资源的基础上，正是如此，其中的基本原则为历代依循。有条件形成四季营地的草场往往面积宽裕，植被覆盖度高，水源丰富。三季营地一般将牧场划分为冬春营地、夏营地、秋营地。两季营地往往将牧场划为冬春营地与夏秋营地，受自然条件限制，中国许多牧场都采取两季营地。

---

[1] [英]克里斯托福·道森编，吕浦译：《出使蒙古记》，载《鲁不鲁乞东游记》，中国社会科学出版社，1983，第107—257页。

游牧是流动的生活，固然放牧地可分为四季、三季或两季牧场，但一年中牧民的迁移绝非三四次。曾在内蒙古草原当过牧民的作家张承志这样说过："牧民一年有多少次迁移，是数不清的。"走过阿尔泰山风雪牧道的李娟也说："哈萨克牧民迁移最多的人家，一年中平均四天就要搬一次家。"

"野火烧不尽，春风吹又生"是我们熟悉的诗句，草是不会被烧绝的，一场春风，一场雨露，大地上野草再次萌生，但畜群吃掉的草不会在几天之内更新，牧民也绝不会在稀疏的草场上等待新的牧草长高，为了保证牲畜正常生长，牧民在每个季节牧场内并非只停留在一地，根据草场与畜群状况，他们往往需要多次迁移。

游牧生活存在各种移动循环，一些取决于地理环境，一些则与放牧的畜群有关；一些部落迁移得很远，一些一年只移动几十里。放在科学的平台上观察，一处季节牧场内迁移的次数以及每次迁移的距离与气候、土壤、草质有着复杂的关系。畜牧学一般将某一牧场在放牧季节内可以放牧利用的次数，称为放牧频率，放牧频率依牧草的再生能力而定，再生能力强的草场放牧频率高，再生能力差的放牧频率低。放牧频率的计算方法为牧草再生次数加一，中国北方草原在生长季节内一般可再生2~3次，放牧频率可达3~4次；荒漠地区只能再生一次，放牧频率为2次。[1] 放牧频率越低的草场，循环利用率越低，牧民迁移次数多；放牧频率高的草场，可以往复利用，牧民远距离迁移次数相应较少。尽管如此，无论远距离的转场，还是小范围的迁移，流动都是游牧生活的常态（图38）。

---

[1] 张秉铎：《畜牧业经济词典》，内蒙古人民出版社，1987，第102页。

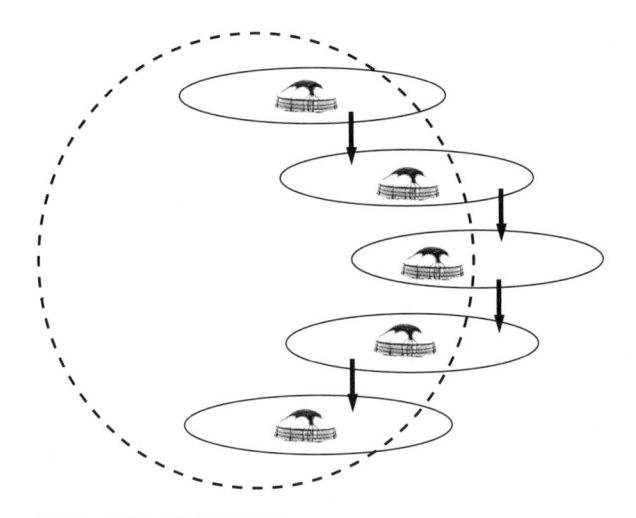

图 38　季节牧场内转场示意图

　　为了保证畜群每天都能吃到牧草，牧民通常将营盘周围的牧地分为几个地段，有顺序地按地段放牧，放牧地段的面积取决于畜群数量、种类，如果畜群以牛、马为主，每日放牧地段的面积一定会高于羊群，而牧草茂密、草质优良的牧场也经得住更长时间的利用。当营盘四周的牧草从远到近，全部利用过之后，要追逐未被触动的牧草，搬家就成为必然。那么，这样的驻与行，大约多久呢？五六天，七八天，十来天，时间上无一定之规，视牧草状况而行。经过季节牧场内所有地段的轮转后，牧民会回到最初的放牧点，此时那里的草已经长高了。

　　逐水草而居的四季中，夏季是最美好的，辛苦一年的牧民总将最重大的活动安排在这个时候，婚礼、庆典，比如我们熟悉的内蒙古草原上的那达慕大会，新疆哈萨克的叼羊、赛马，青藏高原上的雪顿节，都在这个季节举办。夏天是草原上最欢快的日子，茂盛的牧草也使放牧变得简单了许多，于是蒙古人留下了"夏秋娃子也能牧，冬春只能汉子牧"的谚语。然而，夏天的美好只是一年中短短的一段，游牧时光更多的日子有风、有雪，踏着四季的轮回，游牧者离去又回归。

一年中四季变化于冷暖之交，农耕依四季完成播种、收获，游牧则随四季建立牧场、营地，农民在同一块土地上依四季时序安排不同的农事活动，牧民则在四季循环中追寻未被触动的牧草，游牧与农耕虽然属于经营方式完全不同的两类生产活动，但均在四季的轮回中获得再生的机缘。

自然条件决定了中国东西部的环境差异，也造就了东西部经济生活方式的不同，从东向西，从农耕区进入草原游牧区，经历着地理景观与人生方式的变化。游牧时光是在逐水草的生涯中走过的，游牧的路上有风雪，也有鲜花，游牧生活孤独而寂寞，远离市井，远离喧嚣。然而，孤独不等于无为，寂寞也不意味平凡，震动整个欧亚大陆的草原民族——匈奴、突厥、蒙古人就是在游牧生活中崛起的天骄。

## 呼伦贝尔草原的传奇

一首唱给呼伦贝尔草原的歌——《这片草原》,你一定听过。

  天鹅梳妆在达赉湖的岸边,
  孛儿帖出生在呼伦贝尔草原,
  烈马跨过克鲁伦河,
  成吉思汗迎亲在这片草原,
  牧歌回荡兴安岭的云端,
  蓝天下升腾着蒙古包的炊烟。
  ……

  降央卓玛低沉的嗓音悠远而绵长,缓缓的音律带着一丝伤感,透过时空,引领我们走进草原深处,走向草原上的过往。

  翻过大兴安岭向西,额尔古纳河右岸那片茵绿就是呼伦贝尔草原。深藏在草原上的呼伦湖(达赉湖)、贝尔湖正是这片草原名字的由来,然而,真正将灵魂注入草原的却是额尔古纳河。源于大兴安岭的海拉尔河自东向西奔流,是额尔古纳河的河源;源于蒙古国肯特山东麓的克鲁伦河自西南向东北流入呼伦湖，又从呼伦湖注入额尔古纳河；源于大兴安岭西麓的哈拉哈河自东南向西北流入贝尔湖，而从贝尔湖流出的乌尔逊河又向北汇入呼伦湖。河流流进再流出，殊途同归，将呼伦、贝尔两个湖泊与额尔古纳河汇为一体。至于伊敏河，虽与两湖无关，却因最终注入海拉尔河而成为额尔古纳河的支流（图39）。

额尔古纳河滋润了呼伦贝尔草原，那是一片色彩与色彩相撞的地方，五彩斑斓的春天，碧色连云的夏天，枯黄苍凉的秋天，雪花飞舞的冬天，大地因四季变换着色彩。蓝天白云下，额尔古纳河右岸，那一条条蜿蜒的河道静静地流淌在草原深处，目睹了无数四季之变，也一一拥抱过草原上的人们，为他们的伟业而歌唱，为他们的远行而流连。

呼伦贝尔草原曾是蒙古弘吉剌部的属地，弘吉剌部，是草原上的贵族，部落的姑娘以美貌享誉草原。历史的机缘使成吉思汗家族与弘吉剌部结为姻亲，共同携手营造了草原的辉煌。

历史告诉我们，任何辉煌都并非从天而降，草原上的传奇也是如此。成吉思汗的父亲也速该为蒙古乞颜部的首领，母亲诃额仑就来自弘吉剌部，这两条英雄血脉融为一处，注定要成就一份辉煌，也注定要经历一番磨难。据《蒙古秘史》所载，铁木真（成吉思汗的名字）九岁那年，父亲也速该按照习俗，带着儿子前往弘吉剌部求亲，这对英雄父子没有任何悬念地得到了弘吉剌人的认同。铁木真父子来到弘吉剌部首领特薛禅家里，特薛禅对也速该讲起前一晚做的梦，一只海东青——这是蒙古人心目中的神鹰，迎着草原上的太阳光芒，飞到了他的手中。而第二天也速该就带着儿子铁木真来

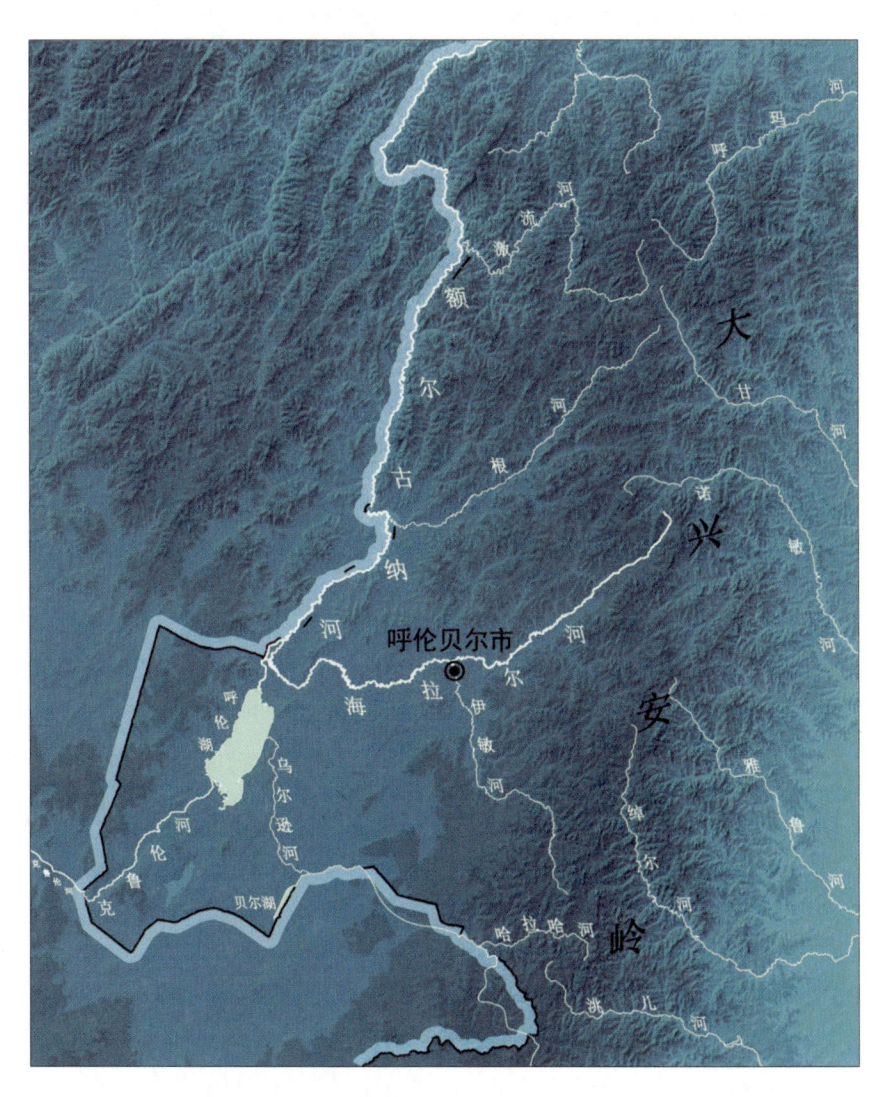

图 39 呼伦贝尔草原及其毗邻地区地形图

提亲，这意味着铁木真就是那只神鹰。特薛禅对也速该说，你的儿子不同寻常，我的梦一定会应验。当下两家就定了亲，特薛禅将自己美貌而聪慧的女儿孛儿帖许给了铁木真。按照蒙古人的习俗，需要求婚三次，女方家才能应允，如今特薛禅破例，当即就允诺了两家的联姻，因此他要求铁木真在弘吉剌部住上一年，这个要求自然获得了也速该的同意。

订婚是铁木真一生的大事，法国学者勒内·格鲁塞所著的《成吉思汗》一书就弘吉剌部的属地做了认真探讨，他认为："也速该父子二人行至扯克彻儿山与赤忽儿古山之间，遇到住在此地的弘吉剌部的另一位首领特薛禅。赫尼施教授曾考证，此二山即今阿尔丹—诺木山和杜兰豁拉山，位于兀儿失温河西畔阔连河与捕鱼儿湖之间。"这里所说的兀儿失温河指今乌尔逊河，阔连湖指呼伦湖，捕鱼儿湖指贝尔湖。显然，当年蒙古弘吉剌部就游牧在呼伦湖、贝尔湖之间的呼伦贝尔草原。

订婚这年铁木真九岁，孛儿帖十岁，无论在当时，还是今天，这个年龄都还是孩子，而一个巨大的人生考验就在此时落在了铁木真面前。也速该完成订婚之后，返回自己的部落。途中经过塔塔尔部时，正逢部落举行宴席，塔塔尔人邀请过路的客人也速该参加酒宴。按照蒙古人的习俗，这是不能拒绝的，也速该面对盛情没有任何防备，没想到部落中有人认出也速该，想起了往年草原上的纷争带来的仇怨，竟然在也速该的酒中投下毒药。中毒后的也速该强忍着剧痛，坚持回到了自己的部落，并请人将铁木真从弘吉剌部召回。

讲起草原上往日的故事，似乎少了些许惊心动魄，尽管如此，我们仍然能感觉到这巨大变故带来的震动。也速该的离去，如同一杆擎天大旗轰然倒下，只留下孤儿寡母，部落成员与追随者并不看好，一时间纷纷投奔他人。失去族人、失去亲人的那些年，是铁木真一家最艰难的时候，不仅生计无着，且面临族人的迫害。诃额仑这位来自呼伦贝尔草原的不凡女性，既要对付仇家，又要抚养年少的儿子们。艰难岁月中，铁木真兄弟在母亲的带领下长大了，也在成长中显现出英雄本色。

铁木真十八岁那年，随着铁木真兄弟的长大，离去的部落成员渐渐回归。也是在这一年，铁木真再次前往呼伦贝尔草原，迎娶孛儿帖。当时的场景正如歌中唱的"烈马跨过克鲁伦河，成吉思汗迎亲在这片草原"。远道迎来的新娘受到铁木真一家热情的欢迎，又一位来自弘吉剌部的姑娘进入这个家族。

孛儿帖初嫁时，铁木真的事业并不如意，在蔑儿乞人对乞颜部的一次偷袭中，孛儿帖被掳走。逆境中长大的铁木真没有因这样的挫折失去勇气，九个月后，他联合克烈部、札答阑部，成功地从蔑儿乞人手中救出了妻子。孛儿帖获救的同时，蔑儿乞部也覆灭了，这是铁木真人生中的第一仗，打得干净、漂亮。打败蔑儿乞部让铁木真名声大振，草原上的各个部众纷纷归附，为铁木真统一蒙古各部、登上大汗之位奠定了基础。这一年是1181年，二十多年后，经过艰苦征战，1206年，铁木真完成了统一蒙古各部的大业，建立了大蒙古国，并被推举为成吉思汗，寓意"拥有海洋四方的大酋长"。

对于成吉思汗的伟业，孛儿帖有着不可低估的作用。元朝建立后，孛儿帖被追封为太祖光献翼圣皇后。《元史》载，孛儿帖为人"宅心渊静，禀德柔嘉"，深得成吉思汗珍爱。这位来自呼伦贝尔草原的皇后，不仅辅佐丈夫奠定了蒙古帝国的基业，还生育了四个儿子、五个女儿。孛儿帖的四个儿子分别是术赤、察合台、窝阔台、拖雷，他们无疑是让整个欧亚大陆震撼的人物。术赤、察合台、窝阔台分别是金帐汗国、察合台汗国、窝阔台汗国的建立者，而拖雷的第四子忽必烈正是元朝的开国皇帝，第六子旭烈兀建立了伊儿汗国。在马背民族驰骋世界的时代，成吉思汗与他的子孙凭借滚滚铁骑，从草原到城市，所到之处望风而降，赢得了世界征服者的威名。子孙是横跨欧亚大陆四大汗国的建立者，丈夫成吉思汗是大蒙古国的最高可汗，世界上还有什么人拥有比孛儿帖更高贵的亲属团吗？

  诃额仑、孛儿帖这两位来自呼伦贝尔草原的不平凡女性，辅佐成吉思汗及其子孙成为欧亚大陆的霸主，她们自身也深受历史学界的关注，波斯人拉施得的《史集》、法国人雷纳·格鲁塞的《草原帝国》、波斯人志费尼的《世界征服者史》都为她们留下大篇幅的记载。诃额仑、孛儿帖的地位表面上看是婚姻所赐，事实上她们的坚毅、勇气、智慧才是根本。正因诃额仑、孛儿帖这些来自呼伦贝尔草原的女性所拥有的美德，成吉思汗"有旨，弘吉剌氏生女，世以为后；生男，世尚公主"[1]。一份统计告诉我们，蒙元时期出自弘吉剌部的皇后有12位，若将诃额仑算作其中，共13位[2]，几乎每朝皇帝都有一位来自呼伦贝尔草原的皇后。

---

1 《元史》卷一一七《特薛禅传》。
2 崔明德：《蒙元与弘吉剌、斡亦剌、亦乞列思部联姻简表》，《烟台大学学报》2004年第1期。

呼伦贝尔草原上的辉煌不断继续，1206年，成吉思汗被蒙古各部拥立为大蒙古国可汗，同年，他完成了对亲属、功臣的封赏。据拉施特的《史集》所载，成吉思汗的二弟合撒儿的封地在也里古纳河（今额尔古纳河）、阔连海子（今呼伦湖）和海剌儿河（今海拉尔河）以北地区；幼弟斡惕赤斤被分封到蒙古高原东北角，即捕鱼儿海（今贝尔湖）、哈剌哈河流域至海拉尔河之地。显然，合撒儿、斡惕赤斤的封地就在呼伦贝尔草原，原来游牧在这里的弘吉剌部封地则南迁至锡林郭勒草原至西拉木伦河上游一带。成吉思汗来自蒙古乞颜部，大汗的姓氏为孛儿只斤，经过这次分封，呼伦贝尔草原迎来了新的主人——孛儿只斤氏的家族成员。

草原是相通的，草原上的人是流动的。呼伦贝尔草原与科尔沁草原相连，这片草原同样属于合撒儿的领地，《清史稿》有记载，"科尔沁始祖曰哈布图哈萨尔，元太祖弟"[1]。清太宗皇太极改国号为清前就全力推行满蒙联盟，并通过婚姻稳固联盟。正是如此，皇太极身边"崇德五宫"的五大后妃都来自蒙古博尔济吉特氏，其中三位为科尔沁部博尔济吉特氏。这五大后妃是：中宫皇后，科尔沁博尔济吉特氏，名哲哲；东宫宸妃，科尔沁博尔济吉特氏，名海兰珠；西宫贵妃，阿霸亥博尔济吉特氏，名娜木钟；次东宫淑妃，阿霸亥博尔济吉特氏，名巴特玛璪；次西宫庄妃，科尔沁博尔济吉特氏，名布木布泰。五大后妃中，布木布泰就是后来为清王朝的稳定做出巨大贡献的孝庄太后。博尔济吉特在汉文中又写作孛儿只斤、博尔济金、博尔济锦等，这正是成吉思汗家族的姓氏。通过联姻，

---

[1]《清史稿》卷三〇五《藩部一》。

成吉思汗家族的血脉注入清朝帝王的血统中，整个清朝先后有六位出自博尔济吉特氏的皇后。

从呼伦贝尔草原到科尔沁草原，"遥望天上人间，就在这片草原"，蓝天白云绿草，不仅有着豪放的游牧时光，那也是草原上英雄的故乡。

## 六百年前美洲大陆的舶来品

今天我们餐桌上的主食是大米、白面，而曾经粮食的主角却是玉米、甘薯。一首流行于20世纪90年代的歌曲《前门情思大碗茶》有这样一段歌词："我爷爷小的时候……他一日那三餐，窝头咸菜么就着一口大碗儿茶。"歌词的作者是闫肃，这写的是老北京百姓的生活，或许也有他本人的体验。窝头是用玉米面做的，很长时间内，不仅北京，北方各地百姓的主食都离不开窝头。还有一首民谣，"红薯汤，红薯馍，离了红薯不能活"，则唱出了甘薯在百姓生活中的价值。至今，年长的人仍然忘不了童年与甘薯相伴的日子，尤其是在南方山区，那就是寻常的口粮。

玉米、甘薯都是源于南美洲的农作物，六百年前传入中国。15世纪，世界上发生了诸多重大事件，地理大发现与新航道的开辟，使人们不再固守于家乡的土地上，旧大陆上的人们登上新大陆，新大陆上的物产被带到旧大陆，地理大发现改变了世界，也改变了人们餐桌上的食物。

## 玉米传播路径与农作物嬗替

农作物进入异地他乡，能否赢得一席之地，品质、产量、环境适应性是决胜的关键。与中国传统粮食作物相比，玉米的优势首取产量。试想想，在旱地作物每亩产量一百多斤的年代，玉米亩产就有两百多斤，固然，这样的产量与当代袁隆平培育的杂交水稻比不算什么，可是在几百年前是什么概念，绝对是高产作物。玉米环境适应性很强，耐干旱、耐贫瘠，平原可以种植，丘陵山区也可以种植。同是外来作物，冬小麦从四千多年前踏入新疆，到被纳入中国本土农作物体系，成为主流农作物，大约经历了两千多年，而玉米走过这段路只用了一百多年的时间（图40）。

16世纪中晚期，玉米依循东南、西南、西北三条路径传入中国各地。西南一路从缅甸进入云南，西北之路即"丝绸之路"，从中亚进入新疆，东南这条道路最为重要，是玉米传入各地的主要路径。五百年前，玉米在广东、福建登陆，逐步向南北各地传播，一百多年后，华北一带就看到了玉米。成书于明朝万历年间的《金瓶梅》就提到，西门庆的餐桌上有"一碟玉米面玫瑰果馅蒸饼儿""两大盘玉米面鹅油蒸饼儿"。用这样精致的手法加工玉米面，说明那时玉米在山东还是稀罕物，但没过多少年，它就从有钱人的点心变成百姓果腹的食物了。

南美农作物进入中国的那些年，正是中国人口大幅度增长的时代，人口史研究告诉我们，明以前各朝，全国总人口大约五六千万；至明代，人口从八千万上升到一亿；清朝开国一百多年后的嘉庆时期，人口翻了两番，全国有四亿人口。俗话说"民以食

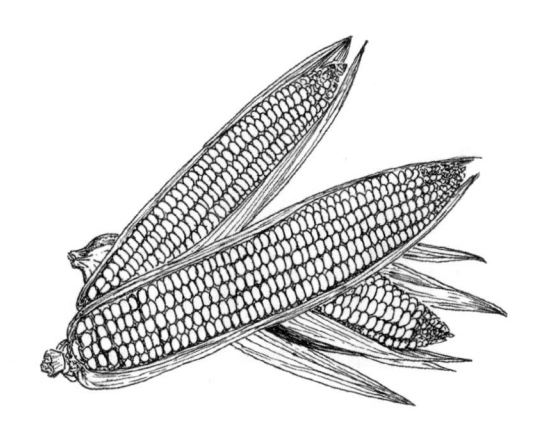

图40 玉米

为天",粮食从哪里解决?平原地区的土地早已开垦殆尽,为了寻觅土地,人们开始走向丘陵山区。玉米传入中国率先登陆福建、广东两省,福建山多地少,素有"八山一水一分田"之称,走进山区成为人口流动的主流方向。旱地作物原本就是丘陵山区的主角,粟、黍、冬小麦、荞麦、高粱、芋头,以及各类经济作物,都曾拥有一席之地。与这些农作物相比,玉米的生存优势、产量优势促使人们推陈出新。人们携带玉米从闽浙山区,来到江西、湖南、湖北、四川,形成"江西填湖广,湖广填四川"的人口大迁移,人所到之处,就是玉米播种生根之地。乾隆年间的《沅州府志》载:"玉蜀黍,俗名玉米……此种近时楚中遍艺之。"道光年间的《凤凰厅志》载:"居民相率垦山为垄,争种之以代米。"光绪年间的《荆州府志》载:"玉米,荆属傍山及洲田多种之。"一时间,玉米成为山区农业的主角。

181

玉米所到之处，秦巴山区格外引人注目。明清时期，湖广移民大量迁入陕南，玉米也从湖北伸向巴山，伸向秦岭。巴山、秦岭大部分为山区老林，明以前，这里人口很少，进入明代后，荆襄一带流民开始来到这里垦荒，入清以后，人口快速增殖。乾隆年间，陕甘总督毕沅给朝廷的奏文写道：兴安州（今安康县）"从前多数荒山，后因两湖、安徽、江西、四川、河南等省民人前来开垦，数年中，骤增户口数十万"。清人严如熤推测这一时期："川陕边徼土著之民十无一二，湖广客籍居其五，广东、安徽、江西各省居其三四。"移民以超乎土著居民数倍的数量进入山区，主要致力于玉米等旱地作物的种植。"南山绵亘两千余里，跬步皆山，土著本少，率系川楚等省贫民，或只身前往，或携眷而来，开垦荒山，种植包谷杂粮。"[1] 玉米不仅遍植于陕南各县，且普遍被各地垦山棚民视为正粮，这里是玉米在中国种植比例最大的地区。

社会上同行竞争，必有盈损，因此留下"同行是冤家"这句俗语。同类农作物之间的竞争虽说不上你死我活，却也决定了它们最终的去留。玉米进入秦巴山区，与之竞争最大的农作物是粟。同属于旱地作物，玉米的优势超越了其他作物。人们舍去旧的，启用新的，不仅出现了"熙熙攘攘皆为苞谷而来"的局面[2]，也推动了农作物的嬗替。这情景如清人严如熤所见，"数十年前，山内秋收以粟谷为大庄"，然"粟利不及包谷，近日遍山漫谷皆包谷矣"[3]。这样的

---

1　[清]托津：《平定教匪纪略》卷三八。
2　同治《洵阳县志》卷一一《物产》。
3　[清]严如熤：《三省边防备览》卷一一《策略》。

情形不限于一地，道光年间的《石泉县志》也有类似的记载："乾隆三十年以前，秋收以粟谷为大庄，与山外无异，其后川、楚人多，遍山漫谷皆包谷矣。"光绪年间的《定远厅志》载："山内以粟谷为重，粟利不及包谷，近年遍山满谷皆包谷矣。"

玉米进入南方，存在作物之间的嬗替；传入北方则是通过与粟、黍、高粱、冬小麦、豆类作物轮作，融入华北平原、东北平原的农作物体系之中。经过一百多年，玉米的地位不断提升，至20世纪五六十年代，已成为产量仅次于冬小麦的旱地作物。

## 甘薯的传播与空间分布

地理大发现推动了世界各地物种的大流动，同样原产于美洲大陆的农作物——甘薯，也在16世纪末传入中国。

甘薯为一年生或多年生块根类作物，在中国又有朱薯、金薯、地瓜、甜薯、红薯、红苕、白薯、番薯等称呼。甘薯不仅产量高，环境适应性强，可救饥济人，且蒸煮可食，润泽适口，它从南美传入东南亚各国后，很快就被视为宝物，严禁外传。于是，在从东南亚传入中国的过程中，留下了许多故事。据说，广东吴川人林怀兰，医术甚高，明万历年间游历至交趾（今越南北部），正逢国王女儿患病，无人能医，林医生成功地治好了公主，因此获得半截生甘薯，带回国内，在广东电白栽种成功。另有一位闽人陈振龙到吕宋（今菲律宾吕宋岛马尼拉一带）经商，偷得一段甘薯藤苗，带回福建，也种植成功。传说中还有一位广东人陈益，贿赂安南（越南古称）当地酋长，带回了甘薯。这三个人都经历了一番周折，才将甘薯带回国内。传说不只是故事，翻开历史文献，我们看到，广东、福建正是甘薯传入中国的登陆地点，而且以闽粤两省为起点，构成了甘薯传入内地唯一的路径。

康熙年间的《诸罗县志》对于甘薯有这样的记载："番薯，一名甘藷，皮有白、紫二色，肉白而实，种自南彝，生熟皆可食，亦可酿酒，切片晒干以代饭充粮，荒年人赖此救饥，或去皮磨之曝为粉。"这是说，甘薯是一种可以采取多种方式加工的食物，不仅易栽、易活，产量也很高。"六七月间截苗为秧……十月掘之，亩可数石。"[1]"番薯……一亩可收数十石。"[2] 甘薯传入中国，倚靠的只有东南沿海一条路径，传入之初，主要种植在广东、福建、台湾一带，在后来的传播中，陈氏家族贡献非凡。乾隆年间，陈振龙的后人陈世元著有《金薯传习录》一书，教习植薯方法，其中对于甘薯的习性有这样的描述："苗入地即活，东西南北无地不宜，得沙土高地结尤多，其余土性结略小些，天时旱涝据能有秋。"甘薯产量与环境适应的优势，不仅获得百姓的青睐，同时也引起官府的重视（图41）。

在农业起源时代，播种、收获都是人们自发的行为，与此相同，在农业生产成为一项成熟产业的时候，认同一种农作物并携带着它走向各地，同样是百姓自发的举动。自发种植甘薯的多在山区，福建是甘薯初传入中国的落脚点之一，明人何乔远在《闽书》中就留下了这样的记载："番薯……瘠土沙砾之地皆

---

[1] 嘉庆《宜章县志》卷七《风俗志》。
[2] 同治《黔阳县志》卷一八《户书》五《物产》。

**图41 甘薯**

可以种。"南方其他各省山区也是甘薯的主要落根之地,清代前往江浙一带丘陵山区垦荒的棚民多持甘薯为业,嘉庆年间,余杭一带"多闽、粤棚民,不种苎麻即种番薯"[1],浙江镇海"山地栽植甚多"[2],宁海"乡邨山地广种之"[3],"明越诸郡多于山中种之"[4]。闽浙以外的地方也是如此,江苏邳县(今邳州市)"于山岭高原种之"[5],湖南永州"山民皆以甘薯为粮"[6],湖北施南府"山地多种之",四川内江"山农赖以给食",贵州思南府"则锄戴石之土,

---

1 嘉庆《余杭县志》卷三八。
2 乾隆《镇海县志》卷四《物产》。
3 光绪《宁海县志》卷二《地里志》二《物产》。
4 乾隆《鄞县志》卷二八《物产》。
5 光绪《邳志补》卷二四《物产》。
6 道光《永州府志》卷七上《食货志》。

杂种包谷、高粱、粟谷、毛稗，尤恃番薯以给朝夕"[1]，岭南"扬粤山地"亦"广种"甘薯[2]。从南方进入北方，甘薯仍有"山田沙土无不蕃育"的环境选择特点[3]。甘薯的生态属性，使它成为山区开发的主力，并与同时间传入的玉米，以及粟、黍、荞麦等传统旱地作物相互组合，构成山区特有的农作物种植结构。

16世纪，农业生产已经在古老的中国经营了近万年，有"五谷"之称的传统农作物早已牢牢地占领了各个农业生产空间，甘薯虽然具有明显的产量优势，但仍然不会轻易被平原沃土上的农民认同。因此，甘薯走向山区是百姓自发的行为，进入平原则来自官府的主导。明朝的徐光启、清朝的张若淳等重臣都为推动甘薯进入江浙做出了重要贡献，而甘薯进入中原地区，山东按察使陆耀、山东布政使李渭、河南巡抚毕沅、直隶总督方观承都下过大力。得益于官方的支持，陈世元手持自己撰写的《金薯传习录》来到山东，在他的耐心教授下，山东一带"以种薯为救荒第一义，自此家传户习，菁葱郁勃，被野连岗""高阜沙土地依法种植"，各地"在在有之"。时至今天，甘薯仍然没有在山东缺席，即墨一带流传着这样的民谣，"吃着地瓜干，听着柳腔戏"，甘薯的地位还不低呢。在官府的推动下，从山东到河南、直隶，整个华北地区都有了甘薯。

玉米、甘薯都是外来作物，也都在山区拥有优势，在进入山区的同时，自然条件也为它们营造了各自的主流分布区。中国整体地

---

1　道光《思南府续志》卷二《地理志》。

2　光绪《梧州府州》卷三《舆地志》。

3　光绪《文登县志》卷一三《土产》。

形西高东低，西部地区海拔1000~1500米的山地多已逾越甘薯的生存界限，使其难以继续西向发展，而玉米却可以立足，进而在空间上形成甘薯、玉米东西各显优势的局面。

说起舶来品，似乎总带着洋气，但来自美洲大陆的农作物是地道的泥土里的物产。玉米、甘薯、马铃薯、辣椒、花生、西红柿、烟草，无论当年这些作物传入中国是有意还是无意，今天它们已经融入了中国的作物体系中，成为民生之本，并成就了舌尖上的文化。

## 绍兴师爷与那一方水土

俗话说"一方水土，养一方人"，这是说，有什么样的地理环境、什么样的山水，就有什么样的人生、什么样的地方文化。绍兴师爷就是在绍兴那一方水土上形成的文化人群。

师爷是什么职业？师爷也称幕僚，历史时期，朝廷上的官员到地方就任，大约三四年一迁，初到一个地方，人生地不熟，为了便于管理，必须找一些熟悉地方及衙门事务的帮手，师爷就是辅助各级官员处理政务的参谋。当然，官员雇佣师爷是有条件的，官府中涉及文书、刑名、钱粮等各类事务，师爷不仅需要饱读经书，有良好的文化功底，还要有灵活的头脑与处事能力，这样的幕僚只能来自读书人。

读书人，是以往对于读书求仕、致力科考的儒生的称呼。既然师爷的出身多来自这样一个社会层面，就有必要讲讲科举考试制度。

中国历史上的科举考试制度诞生于隋代，后世论及科举多有微词，其实若将科举制度放在历史舞台上进行考量，无疑是具有进步意义的。隋代科举考试出现之前，国家的选官制度为世卿世禄制，从曹魏时期起实行"九品中正制"，依人才的家世、品行、才能定出九个等级，并根据等级对应授官。这一选官制度出台不久，家世几乎成为唯一的标准，于是出现"上品无寒门，下品无势族"之说，祖上高官，子孙依旧高官。那是一个讲究出身的时代，大量有才之士因家世不高，被排除在国家管理层之外。科举考试的进步，在于朝廷不再看重考生的出身，只要家世清白，非娼、优、隶、皂、工商，都有资格参加，于是大量平民子弟通过科考，进入国家政治系统之中。科举考试为国家举擢了大量人才。历史上，白居易、范仲淹、文天祥、林则徐等都是在科考中脱颖而出的国家重臣。

那么，科举考试与师爷有什么关系？这就要说说科举考试的过程了。自隋代科举考试出现后，考试过程与规则不断发生变化，至明清发展为四个层级：首先通过县、府考试，获得童生资格；童生参加由县、府学政主持的考试，获得秀才资格；秀才有资格前往省里举办的乡试，此次成功者为举人；有了举人身份便可以去京师参加会试，会试成功者继续参加皇帝主持的殿试。这一系列考试过程，只有殿试只定名次，不再淘汰，其他阶段都会淘汰一些考生，其中又属乡试、会试淘汰率最高。

乡试、会试两个阶段，各省都存在名额限制。参见《明史》，明初规定：京师、行省各举乡试，直隶贡额百人，河南、山东、山西、陕西、福建、江西、浙江、湖广皆四十人，广西、广东各二十人。《大清会典则例》规定，清初各省乡试名额为：顺天府168名，江南163名，浙江107名，湖广106名，江西113名，福建105名，河南94名，山东90名，广东86名，广西60名，四川84名，山西79名，陕西79名，云南54名，贵州40名。进入会试，同样存在对于各地的名额限制，明代会试采用南北中卷方案，南卷用于应天府及苏、松诸府，浙江、江西、福建、湖广、广东，北卷用于顺天府、山东、陕西、河南、山西，中卷用于四川、广西、云南、贵州，以及凤阳、庐州二府，滁、徐、和三州。最初规定南卷取55名，北卷取35名，中卷取10名。

名额呈现在我们面前就是一些数据，这些数据与我们谈到的师爷又有什么关系？今天的高考，有一点我们都熟悉，一个省若经济排在全国前列，那一定是高考大省，科考时代更是如此。道理很简单，只有地区经济发展好，每个家庭或家族才有可能供子弟专心读书，相对而言，经济发达地区不仅读书人多，且不乏饱学之辈，同样的考题，自然最后的成功者也多。凭实力赢得功名，对于个人而言是一生的前程，对于朝廷而言，究竟是哪个读书人成为成功者，其实无所谓，但是若大多数拥有功名的读书人都出自一地，结果就不一样了，官员多来自一地，不仅容易形成乡党，而且国家政治也会失去地区平衡。为了避免出现如此的结果，从乡试就开始规定录取名额。乡试一轮考过之后，各省举人进京赶考，从数量看貌似平衡，但会试一轮高手仍然多在经济发达各省，由此又出现了新一轮的不平衡，于是会试也依举人的家乡划分为出南卷、北卷，并限制各卷录取名额，以达到平衡。科举考试，经过乡试、会试两轮限制名额的选拔，最终被淘汰的读书人自然多出自经济发达之省。在全国，哪里经济最发达？当然是江浙等地，自宋代起，中国的经济重心即转移至江南，既然这里是全国GDP最高的地方，也是文人辈出之地。由于朝廷限制各省乡试、会试名额，江浙等地便成为落第文人最集中的地区。

落第文人能干什么？他们几乎自幼读书，既不会种田，也不会经商，日后的出路只能在读书上找，于是师爷这个职业就出现了。

明清两代是师爷这一职业最盛的时代，各地均有落第读书人，师爷自然成了一种职业选择。一类职业往往又会形成有序传承，一旦有人成功，后人自会跟从，因而浙江绍兴一带以师爷为职业竟成传统，甚至留下了"无绍不成衙"的说法。绍兴府地处钱塘江下游，下属八县，县县出师爷。绍兴师爷不仅服务于自己家乡，也几乎遍及全国各大衙门，师爷这一职业在落第文人中盛行，并逐渐形成具有地域性的文人集团。生活在清乾嘉时期的汪辉祖被视作绍兴师爷的鼻祖，也是绍兴师爷的代表，家乡就在绍兴府萧山县，留下的著作《佐治药言》《续佐治药言》《学治臆说》都涉及师爷业绩。

官员为什么需要师爷？因为那时通过科举进入仕途的官员，对于治理地方并无经验，急需参谋。江南一带那些饱读经书的读书人落第之后，有人开始转型，致力于刑名、钱粮等儒家经典之外的国家法典研究，成为官员的有力助手。根据衙门的级别、事务的繁杂程度不同，师爷的职责也有区别。县衙门事少，更高的府、州、省一级布政使司，以及巡抚、总督衙门事务繁杂，师爷的职能也可分为刑名、钱粮、书启等。其中刑名师爷熟悉朝廷法律以及各类旧案，主要负责处理官司、案件；钱粮师爷精通国家税收与理财，主要负责钱粮赋税；书启师爷善于官衙文书辞章，专门替幕主起草各类文件、信函。刑名、钱粮，自然不是科考出身的官员熟悉的业务，文书呢，看似是凭借文章赢得科考的官员的强项，但八股文与朝廷文书还是有很多不同。传说，当年曾国藩统领湘军与太平军作战，屡吃败仗，曾三次因战败而跳江，后被救，为此上奏朝廷的奏章中提到自己

"屡战屡败"。曾国藩是地道的进士出身，这奏章拿给师爷看，师爷认为通篇尚佳，唯独将"屡战屡败"改为"屡败屡战"，不悖事实，但语气全变了，使他从一个败兵之将变为不屈不挠的勇士。果然，奏章送到朝廷，曾国藩不但没有受责，而且还获得了重用。

师爷成为绍兴代表性的人文集团，且凭借自己的才能、聪慧而成就业绩。正是如此，绍兴师爷留下的传说既神奇又生动，我们不妨来讲讲当年师爷的故事。

据说，康熙年间，皇帝派某钦差来到浙江巡视，考察官员。没承想该钦差就是个贪官，到绍兴府后，得知府下辖县会稽县知县竟然没有宴请送礼，十分恼恨，回京后就以会稽知县在祭祀大禹的大典上东张西望、大有犯上之心为由，向康熙帝告了御状。康熙帝当即下旨，令绍兴府查核此案。这事让绍兴知府十分为难，查，明知是冤；不查，又得罪了钦差。见此情形，师爷为知府出了个主意，于是知府上奏朝廷因由，奏章中是这样写的：祭祀大禹，按例站班，位在前列，岂敢后顾。意思很清楚，知府比知县职位高，自当站在前面，祭祀大禹，不敢回首，自然也不知后面的情景。皇上一看，马上明白会稽知县是被冤枉的，钦差职位最高，所站之位在前面，怎会知道后面的官员东张西望，显然钦差是在诬陷。那位钦差的结果不用说也能想到，正是害人不成反害己。

关于师爷，绍兴当地还有这样的传说。乾隆年间，浙江沿海一带发现大量"宽永"铜钱，官府发现以后马上定为大案，显然，"宽永"不是本朝所铸之钱，既然不是本朝，又出现于本地，那么只有一种可能——有人谋反，并设立年号，铸造铜钱。官府为了破案，广设冤狱。一位学识广博的师爷看了那枚铜钱，告诉官府，这钱不是大清的，而是日本钱，与谋反无关。日本钱之所以出现在沿海，或是日本商船遇风浪，船破货毁，飘落到沿海各处，或是商家带入浙江。于是，一场不存在的冤案被破解了。

"杨乃武与小白菜"被列为晚清四大案之一，发生在浙江省余杭县，案件起于小白菜丈夫猝死之事。浙江上下，从县、府州到省，各级官员上下联手，将杨乃武与小白菜定为真凶。杨乃武备受酷刑，在浙江当地不能澄冤，决定到北京告御状。当地留下这样一个传说，杨乃武的状纸中原有"江南无日月，神州无青天"之词。杨乃武本是举人出身，文章独出机杼。但状纸经一位师爷看过，改动了一个字，改后为"江南无日月，神州有青天"，从"无"到"有"，立意完全不同了。果然，状纸落到慈禧太后那里，老佛爷极为受用，下令严查，最后浙江涉及此案的各级官员顶子都落了地。当然，真正的历史并非如此简单，当时浙江官员几乎都来自湘军，浙江各界很是不满，将案情递送《申报》连续登载，引起了社会广泛关注，而朝廷也想利用这个机会打击湘军的骄兵悍将，最终一场冤案得以澄清。

师爷，属于官员私人雇员，服务于官员的同时，投缘十分重要，若是官员与幕僚之间常常意见相左，自然无法相处。因此绍兴师爷中流传有这样的说法：合则留，不合则去。明智而有个性的师爷，不会因几个幕酬而委屈自己，言不听，计不从，自然潇洒转身飘然而去。

绍兴，是一处人才辈出的地方，如秋瑾、鲁迅……只是师爷不是一人一姓，而是一个文化人群。清朝末年，随着学习西方法律的一批学子进入政界，师爷的历史任务结束了，从此这一地域文化人群淡出历史，身影渐行渐远，只留下许多神奇的传说。

## 倒泻银河事有无，掀天浊浪只须臾
### ——历史时期黄河下游的重大改道

>......
>遥远的东方有一条河，
>它的名字就叫黄河。
>古老的东方有一条龙，
>它的名字就叫中国。
>......

黄河全长约5464公里，发源于青海省巴颜喀拉山脉北麓，流经青海、四川、甘肃、宁夏、内蒙古、陕西、山西、河南、山东九个省区，最后汇入渤海。根据河道水文特性，上、中、下游的分界点分别在内蒙古托克托县河口镇与河南洛阳旧孟津。一条大河，上、中、下游姿态各异，上游淌流在高原之上，中游穿行于山陕峡谷间，下游水出龙门，经孟津进入平原，沿途数千里积累的能量一倾而下，浊水横流。清人宋琬《渡黄河》中的诗句"倒泻银河事有无，掀天浊浪只须臾"，对此描述得十分精彩。

图42　涡纹彩陶罐，首次发现于甘肃省临洮县马家窑遗址，现藏中国国家博物馆

大河奔流，在两岸留下千古记忆，考古学界在黄土深处发掘出马家窑文化时期的彩陶，黄土烧成的陶器上描绘的旋涡图案，也许就是黄河涌动的波涛，那团五千年前的炉火将奔流的河水凝固下来，化作永久的印记（图42）。大河奔流不仅成就了艺术创作，也书写了历史，传说中的先贤大禹，一贯被视作上古时代治水的英雄。相传三皇五帝之时，黄河泛滥，洪水滔天，淹没了庄稼，冲毁了家园。尧遍访各地，寻找治水能人，各部落首领都推举鲧。然而，鲧未能胜任，治水九年而无功。尧之后，舜执掌天下，将治水之事交给禹。禹是鲧的儿子，为了治水，公而忘私，率领民众"随山浚川"，导河入海，成功地完成了治水大业。数千年来，大禹治水故事早已从传说变成后人对祖先的记忆，那么治水留下的人与自然抗争的业绩，是否存在事实基础呢？

解答这一问题，要参考图43从史前时期黄河中下游地区文化遗址的分布开始讲起。很多年前，历史地理学家谭其骧先生凝视着这幅地图，渐渐陷入思索，不禁产生了疑问，无论山东丘陵、太行山东麓，还是山西、河南等地，都存在古人类留下的遗迹，唯有华北平原的腹心地带一片空白，既没有文化遗址，也没有城邑、聚落的可信记载，难道考古调查与古人均忽略了这块土地，还是另有原因？问题的答案出人意料，现今这片聚落密集、人情欣欣然的土地，当年正是黄河河道所经之处。那时，黄河行经华北平原，每当汛期，数条河道并存，且随意游荡呈漫流状态，浊水奔流，四溢成泽，人不得为生，更无法安家立业，因此成为史前文化遗址的空白区。当代学者经过研究认为，这也许正是大禹所在时代洪水滔天的缘由。

终结黄河下游河道漫流状态的力量是人工修建的河堤，这一时代大约在战国中期。据西汉贾让的《治河三策》记载，战国时期黄河两岸大堤相距较宽，可达数十里，河水"尚有所游荡"，此后堤距不断缩减，"从黎阳北尽魏界故大堤，去河远者数十里，内亦数重，此皆前世所排也"。这是说汉代依然可见当年战国魏人修筑的大堤，距河流远在几十里外，此后不断有新筑的大堤在内侧排列，竟有数重之多。这样的局面持续到西汉时期，黄河大堤"陋者去水数百步，远者数里"。奔流的河水结束了漫流状态，被束缚在河堤之间。战国时期人口尚少，对土地的需求也不那么紧迫，河水尚有数十里空间可以摆动。至西汉年间，随着人口加增，迫切需要扩展土地，黄河大堤直逼河滩，河水被限于狭窄河滩之内，大量的泥沙迅速堆积在河底，很快便有了"河水高于平地"的地上河之势。从今河南浚县西南古淇水口到浚县东北古黎阳县，在这70多里的河段内，河堤高出地面1~5丈，"地稍下，堤稍高"。一次洪水，"河水大盛，增丈七尺，坏黎阳南郭门，入至堤下，水未踰堤二尺，所从堤上北望，河高出民屋"[1]。贾让这番记述告诉我们，黄河下游的地上河并非从来就有，其形成时代大约在西汉前期。

黄河下游地上河的存在，如同悬在两岸人们头顶的达摩克利斯之剑，随时可能冲破大堤，酿成滔天洪水。洪水猛兽是形容难以抗拒的灾难的常用之词，据黄河水利委员会统计，三千年以来，黄河下游决口泛滥约一千五百次，名副其实的三年两决口，较大改道有二三十次，其中有六次重大改道致使浊流横溢，毁田庐，荡家舍。频繁的水患北及海河流域，南达淮河流域，在整个黄淮海平原均留下了黄河的足迹。

我们就以黄河六次重大改道为核心，看看"掀天浊浪只须臾"的大河历史（图44）。

正是地上河的存在，使战国中期筑堤形成的下游河道一直维持到了西汉末年。公元11年（新莽始建国三年），黄河决口于今河北大名东，泛滥五十余年。至东汉初，公元69年，汉明帝命王景主持河道治理，新河道形成。如果说战国中期两岸的人们力挽狂澜，修筑大堤，将黄河引入固定的河道，为黄河下游的第一次重大改

---

[1] ［西汉］贾让《治河三策》载："盖堤防之作，近起战国。雍防百川，各以自利。齐与赵魏，以河为竟，赵魏濒山，齐地卑下，作堤去河二十五里。河水东抵齐堤，则西泛赵魏。赵魏亦为堤，去河二十五里。虽非其正水，尚有所游荡，时至而去，则填淤肥美，民耕田之，或久无害。稍筑室宅，遂成聚落。大水时至，漂没，则更起堤防以自救，稍去其城郭，排水泽而居之，湛溺自其宜也。"

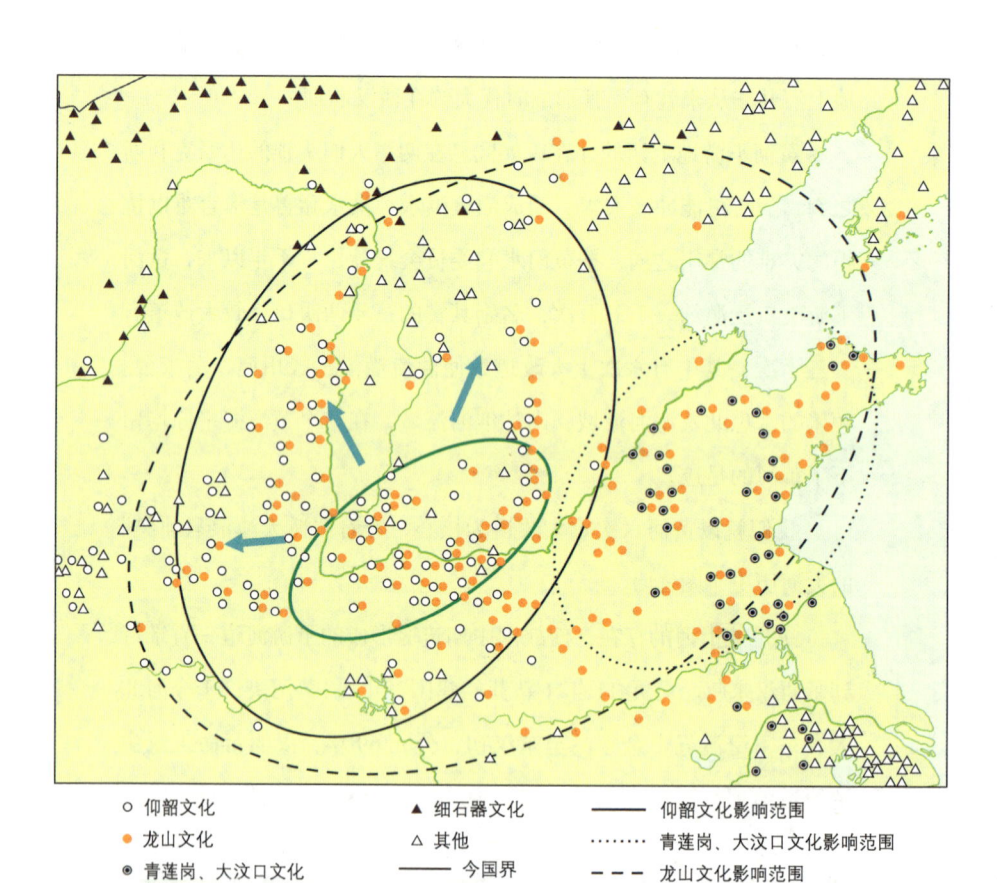

○ 仰韶文化　　　　▲ 细石器文化　　　　—— 仰韶文化影响范围
● 龙山文化　　　　△ 其他　　　　　　　……… 青莲岗、大汶口文化影响范围
◉ 青莲岗、大汶口文化　　—— 今国界　　　　---- 龙山文化影响范围

图 43　史前时期黄河流域文化遗址与文化圈

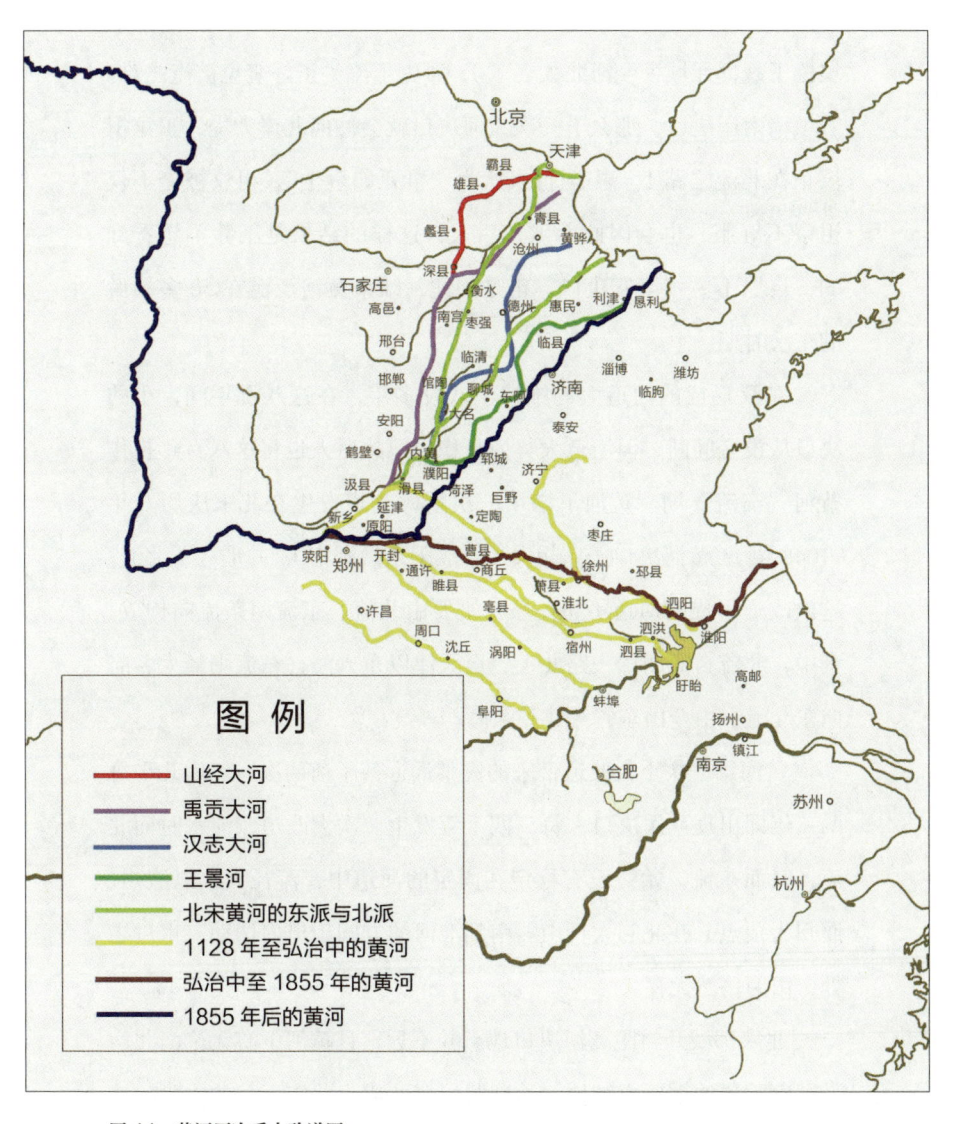

图44 黄河历次重大改道图

道，那么东汉年间修筑的新河道就是第二次重大改道。新莽时期，河水肆意泛滥半个多世纪，与当时的执政者王莽直接相关。王氏祖坟位于魏郡元城（今河北大名东），河决东流，正好避免被淹之难。若填堵南岸决口，那么下一次大河决口就会冲向北岸大堤，王家祖坟正在北流之路上。中国古人认为"事死如事生"，祖坟被淹不仅祖宗不舒服，也会因此而殃及后人，这样的结果是王莽不想看到的，自然不主张堵塞决口。正是如此，结束黄河泛滥在50多年后的东汉时期。

东汉形成的河道大约维持了八百多年，在这八百年间，小的决口从没有间断，但河道大势尚且稳定，故后人也将这八百年视作黄河"安流"期。黄河下游第三次重大改道发生在北宋庆历八年（1048年），黄河决口于商胡埽（今濮阳东昌湖集），并形成了北流。这次改道形成的河道不止一条，主要由北流、东流两条流向构成。其中，北流自商胡埽一路北上，至天津以东入海，东流则经大名府向东北流，由今山东省无棣县入海。

黄河第三次重大改道带来的灾难远远甚于前两次，此后几乎每两三年即出现一次决口，每三四十年发生一次大改道，河水时而北流，时而东流，始终没有稳定在固定的河道中，流径大致以澶州、濮州为顶点，在北起太行山、南到淮河的方圆千里内摆动，水过之处，田庐荡然无存。

北宋都城开封距黄河决口地点并不远，且黄河下游无论南北均是国家赋税的重要贡纳地，治理黄河自然成为北宋王朝的大事。然而，朝堂之上，究竟保北流堵东流，还是保东流堵北流，却难以形成统一意见。北流、东流之争伴随河决地点的变化，大概存在三个阶段，经过几番争论，这已经不仅仅是治河理念的问题，俨然成为政治派别分野的依据。其中第三次北、东流之争，东流一派代表人物为文彦博、安焘、吕大防、王岩叟、王觌等；北流一派代表人物为范纯仁、苏辙、曾肇、赵瞻、范百禄、王存、胡宗俞等。这些我们熟悉的、不熟悉的人物都是朝中重臣，两派各执一词，东流一派指陈北流存在的弊端有三：1.北流河道会淤填北上至海河流域的运河，进而影响驻扎在北边军队的漕粮运输；2.河北为重要农耕区，北流行经会吞噬大量民田；3.开挖于宋辽边界的塘泊，目的本为限制辽人骑兵南下，由于北流的淤填，将失去应有的防御作用。最终结论是，若"河不东，则失中国之险，为契丹之利"[1]。这是说，契丹人可顺黄河而下，直抵开封。东流一派强调国防与漕运，北流一派则注重地形与水势，这派提出"东流高仰，北流顺下"[2]，即东流一带黄河行经多年，早已淤高，而北流一线却有低洼之处保障河水通行，依水往低处流之常理，北流更近水情，况且"塘泺有限辽之名，无御辽之实"[3]。北流、东流两派不仅势均力敌，且均有在理之处，帝王也难下决心支持哪一主张。元祐三年（1088年），回河东流，五年后河决内黄（今河南省内黄县），再次北流。此后北流、东流并存，且与北宋王朝相终。回顾这段历史，我们几乎可以看到朝堂上众说纷纭、难分难解，背后黄河再起狂涛、洪水滔天的景象。

---

1 《宋史》卷九二《河渠志》。
2 《续资治通鉴长编》卷四二〇，哲宗元祐三年闰十二月戊辰，载："视东西二河，度地形，究利害，见东流高仰，北流顺下，知河决不可回。"
3 《宋史》卷九二《河渠志》。

黄河下游第四次重大改道发生在1128年，这时中国南北方已经分属于两个政权，女真人在北方建立了金国，南方则延续赵宋政权，为后人称为南宋。正是因为南北两个政权的对峙，这一年黄河决口的原因不是天灾，而是人祸。南宋政权为了阻挡金人南下，在今滑县西南李固渡，人为扒开大堤，"以水当兵"。这一次黄河不再经行以往的河道，河水向东南流入泗水，再由泗水夺淮入海，从此开启了黄河夺淮的历程。

　　黄河下游第五次重大改道出现在元代至清中期，这几百年内是黄河下游河道最紊乱的时期，尽管总体流向也是夺淮，但黄河侵夺范围远远超过第四次重大改道。河水从泗水流域向西扩展至颍水一带，几乎淮河北岸所有支流都成为黄河流路。

　　黄河下游第五次与第四次大改道，不仅流向同为夺淮，且均从人为决口开始。金哀宗开兴元年（1232年）已是金王朝晚期，在蒙古军队的压力下，哀宗皇帝从北京一路南下逃至开封，又从开封逃至归德（今商丘）。面对蒙古人兵临城下，金人曾计划在凤池口扒开黄河大堤，挡住蒙古军队，但派出去的人无一冲出重围，计划未能实现。然而，城内金人没有做成的事，却被城外的蒙古人实现了，结果如何呢？当初金人计划掘开黄河大堤，是听说凤池口地势高于归德府[1]，决堤可以挡住蒙古军队，当然也会淹没这座城市，几番权衡后，还是认为挡住蒙古人进攻最重要，于是有了派遣士兵出城决堤之举。城外的蒙古人同样知道了这一信息，他们想利用河水

---

1　《元史·石盏女鲁欢传》载："方大兵围城，议决凤池大桥水以护城，都水官言，去岁河决敖游埽时，曾以水平量之，其地与城中龙兴塔平，果决此口则无城矣。"

淹没归德，不战而胜，于是毫不犹豫地挖开凤池口，却没想到归德城墙高，河水南下，绕城而去。水淹归德没有达到预期效果，反而保护了这座城市，进而延缓了金朝的灭亡。蒙古人决河之举的目的没达到，却导致了黄河第五次重大改道。

黄河第五次重大改道，河水夺泗、夺涡、夺颍，最后入淮，黄河将足迹推向黄淮平原的西缘，至豫西山地而止。

元代，黄河下游长期经汴、涡、颍三支分流，并以汴道为正流。元至正十一年（1351年），在贾鲁主持下开展了治河工程。贾鲁主张"疏塞并举"，挽河东南由泗入淮。根据这一主张，堵塞其他河口的同时，一条自徐州入泗水，循泗水入淮的河道形成，这条河道也被称为贾鲁河。贾鲁河的治理尚可说成功，不但短暂结束了数条河道并流的局面，且根据水情设计了功能不同的堤埽。贾鲁河建成不久，元末起义爆发，朝廷无力顾及河道，新的决口泛滥再次发生。

如果说元代的黄河下游专意夺淮，那么进入明代后黄河在夺淮的同时，还威胁着运河，因此治河得到更多关注。治河在于因地势而导水，但明代治河受到了各种因素制约，情况在明人谢肇淛所著的《五杂俎》中讲得十分清楚："善治水者，就下之外无他策也。但古之治水者，一意导水，视其势之所趋而引之耳。今之治水者，既惧伤田庐，又恐坏城郭；既恐妨运道，又恐惊灵寝。既恐延日月，又欲省金钱；甚至异地之官竞护其界，异职之使，各争其利。"伤田庐、坏城郭、妨运道、惊灵寝四项之中，运道与陵寝至关重要，运河是朝廷倚仗的南北物资运输命脉，其重要性自不待说，而陵寝在古人的理念中也同样不可忽视。明祖陵即明太祖朱元璋的高祖朱百六、曾祖朱四九的衣冠冢及其祖父朱初一的实际葬地，位于今江苏省盱眙县洪泽湖的西岸，明皇陵为明太祖朱元璋父母陵墓，位于凤阳县城南七公里处，此两处皇陵都位于黄河河道所经之处。既要治理黄河，又不能阻断漕运、惊扰陵寝，这一切使治河变得十分棘手。明代黄河下游时而北决，多股入运，时而南决，多股入淮，局面纷乱（图45）。

明嘉靖二十五年（1546年），潘季驯在夺泗入淮的水道处采取"束水攻沙"之策，即逼近河道修筑堤防，进而通过增加水流挟沙能力而减缓沉积。这一举措虽然不能彻底解决泥沙淤积的问题，但却结束了自金代以来黄河下游多股并存的局面，这条由潘季驯固定下来的河道就是当代地图上所标识的"废黄河"或淤黄河（图46）。

时至清咸丰五年（1855年），黄河下游在潘季驯治理的河道上已经流淌了三百多年，河堤随着泥沙的淤积而增高，河床渐渐高出地面，成为地上悬河。洪水频发时节，防御不慎，即成决口。这一年夏季，黄河在兰阳铜瓦厢（今河南省兰考县西北东坝头）决口，河水先向西淹没封丘、祥符各县，又向东漫流于兰仪、考城、长垣等县，之后分为两股，一股出曹州东赵王河至张秋穿过运河，另一股经长垣县至东明县雷家庄又分为两支。这两股三支河水在张秋镇与曹州流出合为一股，穿越运河，经小盐河流入大清河，由利津入海。东出曹州的一股数年后即淤塞，剩下的那股就是黄河正流。这次改道结束了七百多年黄河夺淮的历史，河道转向东北，注入渤海。

咸丰五年的这次改道也被视为黄河下游第六次重大改道。河水改道之初，以铜瓦厢为顶点南北摆动，河道迟迟不能固定，而影响河道不稳定的因素同样来自人为作用。原因之一，此时太平天国燃起遍地烽火，朝廷无暇相顾治河之务。另一原因，在于南北政治集团的利益之争。黄河北流，首当其冲的是河北、山东等北方之地，山东巡抚丁宝桢等代表北方利益的政治集团坚决要求堵住决口，恢复南行，而安徽、江苏等黄河南行之地的政治人物李鸿章等维护南方利益，怎么可能送走祸水，又再次引回呢？他提出因势利导，维持北流。这番争论直至光绪年间才有了结果，朝廷终于着手在黄河新河道南岸筑堤，固定河道，南方政治集团获得最后胜利。光绪十年（1884年），两岸大堤全部完工，河道最终固定下来，这就是我们熟悉的今日黄河下游河道。

回顾黄河在大地上摆动的历史，一切似乎距今久远，而踏上黄河两岸，那黄色的足迹依然可见。

大河奔流，数千年间决与塞不绝于史，从传说中的三皇五帝这些远古的祖先，到21世纪的今天，黄河在流过的地方留下了不寻常的记忆，这片土地不仅养育了芸芸众生，也造就了赫赫精英。无论福祸，黄河浊流都在历史上书写了浓重的一笔。

图45 康熙《全黄图》局部，现藏大英图书馆
此图方向上南下北，左东右西。图上画有黄河两岸大堤。

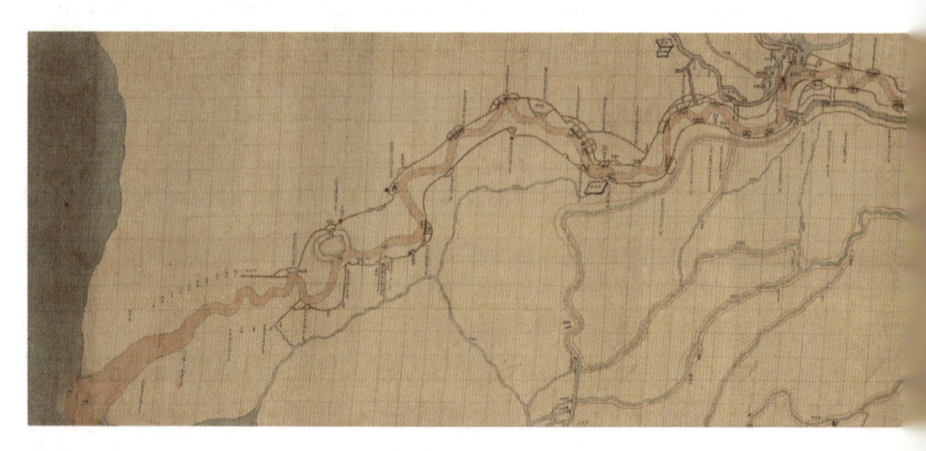

图46 乾隆《黄河南河图》，现藏美国国会图书馆
此图方向上南下北，右西左东。图上所绘黄河下游属于第五次重大改道夺淮入海时期。

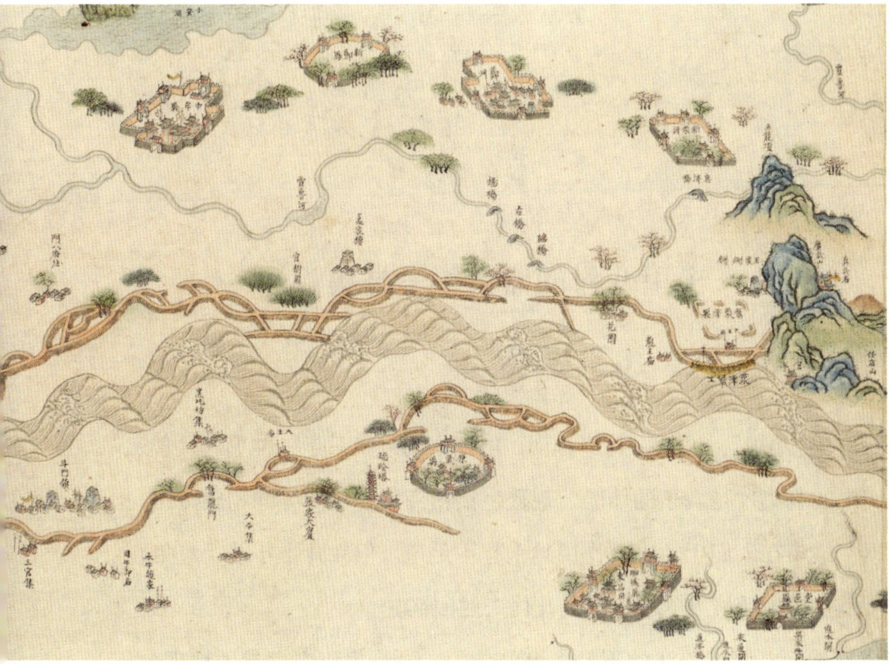

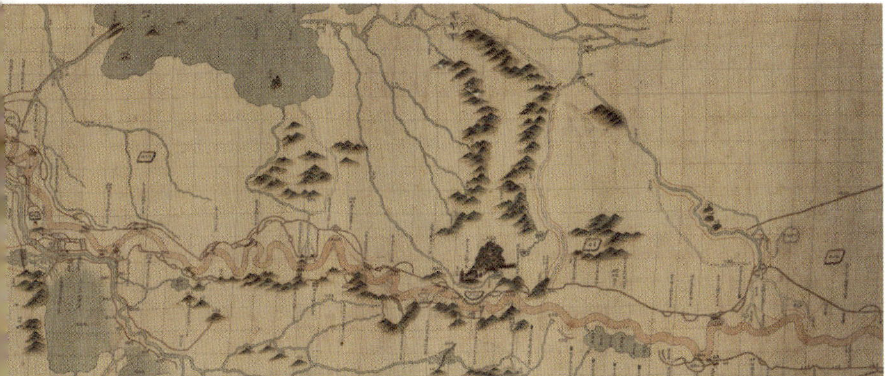

# 十里八村的盛会——赶集

"赶集啦",这是一句广告词,电视中的赶集只是一种形式,现实中的赶集才是真正的体验。现代生活被商场、电商等购物渠道占据,集市在人们生活中的作用越来越不足道。但在几十年前,赶集可是乡村生活最大的乐事,是几代人的回忆。

然而,我们关注的不是集市的热闹,而是集市中存在的地理。地理,不仅写在课本上,且来源于生活,与集市相关的地理就产生于乡村生活中。

集市之所以要"赶",是因为并非每日、每时都有。俗话中的集市就是定期市,这是一月之内按照固定日期开集,以相隔数日为周期,循环从事交易活动的市场。历史上的中国是个农业大国,却不是商业大国,"重农抑商"的传统几乎贯穿于两千多年的历史中,乡村中有限的剩余产品,无力维持日日交易的市场,于是间隔数日的定期市就产生了。

集市服务于大众,前往集市的乡亲们既是买者,也是卖者,出售剩余生产品,购回生活必需品,这样的交易有着久远的历史。《易·系辞》中的"日中为市,致天下之民,聚天下之货,交易而退,各得其所",就是关于乡间不定期交易的最早记载。乡村集市最初形成于交通便利之处,这里原本就存在交易,不仅吸引了周邻村民的买卖趋向,也为商人带来了商机,久而久之成为周邻村落交易的场所,一个定期市就此形成。明清以来,北方各地及江南一带将定期市称为集市,四川等地则称为场或圩场,岭南称为墟,清人屈大均的《广东新语》有这样的记载:"粤谓野市曰虚。虚市之所在,有人则满,无人则虚,满时少,虚时多,后又曰虚也。"[1]

传统社会中,农事活动之外,乡民经常出行之处就是集市。但凡到一个集市,看到的都是人头攒动、喧声鼎沸的热闹场面,而从另一个层面看,集市这种定期交易方式实际是商业处于较低水平、交易需求不足的结果。走向集市的都是周邻村落自给自足的农户,可纳入市场交易的物资不多,同样的交易若每天进行,必然满足不了维持市场与商业利润的要求。在这样的情况下,间隔数日进行交易,结果就不一样了。今日东家有粮食、蔬菜,明日西家有鸡蛋、烟草,东家、西家积累几天,能拿得出来的东西就不是一星半点了,一日不能实现的利润,可以在停市的日子完成物资积累,并达到保障商业利润的要求。这就是集市为什么不是天天有,而是隔些天开的原因。

集市不是天天有,赶集也不是天天去,集市哪天开市是时间问题,地理是空间问题,赶集则将时间与空间统一成一个问题。要说明这个问题,我们需先从集期,也就是开集的日子说起。每一个

---

[1] [清]屈大均:《广东新语》卷二《地语》。

集市均有自己的集期，统观一个地区定期市的集期，我们会看到有的相同，有的不同，或是单日集、双日集，或是一四七、二五八、三六九。仔细推敲，相互交错的集期与赶集的村落交织在一起，呈现出一个地理问题——客源空间。

客源区就是前往共同集市的那些村子。任何一类商业活动都存在基本客户，在网购全面盛行之前，我们需要到商场采购物品。为了方便，买一般的油盐酱醋都在近处的小商店，买电视机、洗衣机等大件要到大商场，而出入哪个商场，距家多远，就是地理。同样的购物，舍近而求远不是常情，就近买卖才是常理。于是本着就近的习惯，每个集市都聚拢了固定的村庄、固定的村民。

乡村中的农产品，蔬菜、鸡蛋、水果等，送上市场都图个新鲜，采摘下来就要尽快上市。集市虽然不是天天开市，但一个区域内不止一个集市，这处不开，那处却开，单、双日也好，一四七、二五八、三六九也罢，总之几个集市的集期互相交错，村民错过了一个集市，还有其他集市开市，同样可以交易。正是如此，相邻集市不仅集期相互交错，赶集的村落也几乎相同，同一批村民利用错开的集期，可以参与几个集市的交易活动，这些前往共同集市的村落，就属于同一个客源区，这就是图47所表现的内容。这张图很简单，表示的内容却很多。图47以单、双日集为例，其中的"村庄"代表所有既前往单日集，也去双日集的村落，这些村落共同支撑了这两个集市的存在，而分别聚拢在这两个单、双日集周围的村落则形成了两个集市各自固定的客源区。客源区不是行政区，没人强求，没有设定，而是由赶集的村落和村民通过自己的行为共同构成的地理空间。

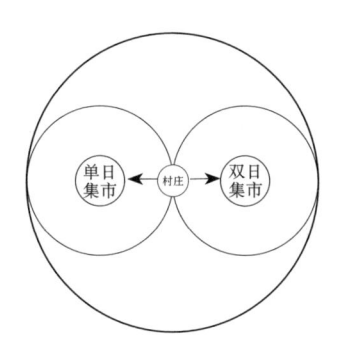

图47　相互交错的集期而构成的客源圈

中国的乡村散布在广袤的大地上，一个区域不止一组单、双日集。任何人都没有分身术，尤其在传统农业社会以步行为主、推车挑担的赶集方式下，同一个交易者自然不会同时前往集期相同的两个集市。正是如此，若两个定期市的集期完全相同，那么它们之间几乎不存在共同客户，而是各自聚拢属于自己的村落与交易者，拥有自己的客源区。于是，我们不难发现，集期相互交错的一组定期市，构成了一个独立的客源区，另一组定期市构成另一个客源区。这里所说的一组指的是单、双日集，或一四七、二五八、三六九集期相互交错的组合。在集市引力作用下，客源区之间的关系如图48，相同集期的市集形成各自独立的客源区，每个独立客源区内的村民与村落，以集市为中心形成内聚。这情景如民国学者杨懋春在调查中看到的："每个集镇仍有可辨认的确定区域，它把某些村的村民看作它的基本顾客，相应地，这些村民也把它看作他们的

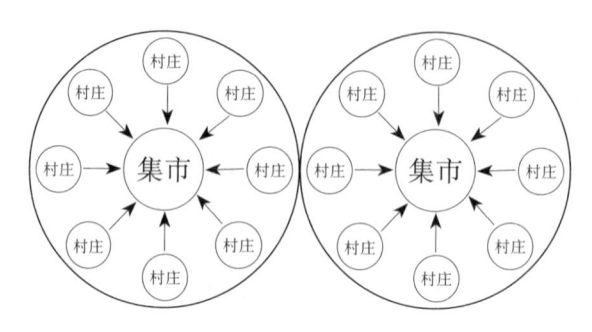

图 48　相同集期形成各自独立的客源区

镇。"[1]在村民行为中，相同集期产生的时间冲突，带来的不是向心力，而是排斥，和物理学中的同性两极相斥、异性相吸是同样的道理。[2]

定期市和所有商业活动一样，存在市场竞争，同样的集期就意味着竞争，意味着分割一部分客源，为了保障客源，集期相同的定期市往往距离较远，通过距离来避免属于自己的客源流入别人的市场。其实在近代历史记载中，各地的集期均有这样的现象。20世纪40年代，地理学家吴尚时在调查中解读了其中的原因："同一墟期之墟场，常因避免相重而有较远之距程，常达十五至十六公里，不依此例而存在者，十之八九，皆由人文因素致之，如村落间之摩擦等。"[3]

---

[1] 杨懋春：《一个中国村庄——山东台头》，江苏人民出版社，2012（成文于1945年），第167页。

[2] 韩茂莉：《近代山西乡村集市的地理空间与社会环境》，《中国经济史研究》2017年第1期。

[3] 吴尚时：《湖南临武县之墟场》，《岭南学报》1948年第九卷第一期。

乡村定期市的客源区，可以依托相互交错的集期囊括周邻村落，那么属于同一客源区的村落相对集市具有怎样的距离呢？

提到赶集距离，各类文献都可以看到一些记载。清末刘鹗的《老残游记》有这样一段描写，老残道："我要行医，这县城里已经没什么生意了，左近有什么大村镇么？车夫说：'这东北上四十五里，有大村镇，叫齐东村，热闹着呢，每月三八大集，几十里的人，都去赶集。你老到那里去找点生意罢。'"[1]这部小说讲的是清末山东一带的故事，齐东村是个大集，"几十里的人都去赶集"。白沙场属于江津县（今重庆市江津区）的场市，20世纪30年代，每逢农历三、六、九为场期，"附近乡下农民及数十里内外场的商贩，都来赶场交易"[2]。此外，我们在美国学者施坚雅（G. William Skinner）的研究中可以看到，四川最远的村民赶集距离平均为1.87~8.44公里[3]。

参与交易的村民，都是脸朝黄土背朝天的农民，赖以为生的土地不可移动，他们的生活空间受土地制约，任何活动都以村落为核心，并将活动落在当日往返的距离之内。传统农业社会的农户很少有马车，少数农民拥有独轮车，买卖货物更多依靠肩挑，徒步前往集市。这就是美国传教士明恩溥（A. H. Smith）《中国乡村生活》中写到的："中国人徒步走上三里或八里，甚至十来里去一个市场，

---

1 [清]刘鹗：《老残游记》第十九回"齐东村重摇铁铃串，济南府巧设金钱套"。
2 杨西灵：《白沙场社会调查的尝试》，《驴溪月刊》1936年4期。
3 [美]施坚雅著，史建云等译：《中国农村的市场和社会结构》，中国社会科学出版社，1998，第41—42页。

是很不在乎的事情。"[1]四川江津县白沙场每逢集期,必会看到"这天一清早,大路上的农民肩挑背负",前往集市。[2]民国地理学家吴尚时针对湖南临武县墟场,形成这样的结论:"墟场之分布,无论在时间上及地域上,皆与目前之交通方法,用人肩挑,至相配合。是固非本区之情形,而显为全国所共通者。苟吾人以一墟场为中心,以十公里左右为半径,而观此一圆形范围内之情形,则又可见似成一种经济组织单位。"[3]对于村民,集市的客源区也是如此,无论推着车、挑着担子,还是步行,集市能够聚拢的村落、村民都在当日往返距离之内。以当日往返距离作为半径,聚拢在一个集市客源区内的村落并无定数,七八个、十几个,也许更多,用一句俗语"十里八村"概括十分贴切。凭借集期相互交错的集市,聚拢在一个客源区内的十里八村,是摆脱基层行政管理、乡间宗族束缚,基于商品交易自发形成的地理空间。关于集市的范围,无论南北,客源区的距离一般在十里以内,最远不会超出二十里。

  集市也是十里八村乡亲们的盛会,人们不但可以在集市上完成自己的交易活动,而且会在交易、休息中结识邻村的村民,听到邻村的各种故事、新闻,这些都为"日出而作,日入而息"的农民增添了见识与乐趣。正是这样的原因,赶集的村民不仅包括家庭中的男性成员,也有媳妇、闺女。家庭男性成员主要负责交易,而媳妇、闺女在购买自己喜欢的日用品的同时,也感受着集市的热闹。

---

1 [美]明恩溥著,午晴、唐军译:《中国乡村生活》,时事出版社,1998,第146页。
2 杨西灵:《白沙场社会调查的尝试》,《驴溪月刊》1936年4期。
3 吴尚时:《湖南临武县之墟场》,《岭南学报》1948年第九卷第一期。

因此定期市的功能，不仅仅停留在商品交易这一层面，同时兼具交际中心与信息中心的作用。

从赶集这一话题，我们看到，集市在地理上不仅构成了属于自己的客源区，而且成为十里八村村民的娱乐中心、社交中心，在村民的生活中有着不寻常的地位，客源区的边际几乎就是传统农业社会中村民的最远认知空间。

赶集这点事，置身其中，一切再寻常不过，并无神秘之处，但是仔细推敲，经过理性的逻辑分析，我们会发现，原来人类的行为是有序可循的，在寻常的生活中获得大家未注意到的地理发现，正是学术研究真正的乐趣。

# 英雄城——江孜

你看过电影《红河谷》吗？还记得那场激荡人心、扣人心弦的抗英之战吗？那场战争就发生在江孜，一座青藏高原上的英雄城。

打开地图，从日喀则向东南，沿雅鲁藏布江支流年楚河顺流而下，便会在群山之中看到江孜县。江孜县的背后就是喜马拉雅山的雪山冰峰，穿过喜马拉雅山，一条道路从江孜通向亚东，伸向域外，连通尼泊尔、锡金（现属印度）、印度。无论在哪个时代，江孜的地理位置都有着不同寻常的意义，这是一处向内经日喀则可达拉萨、向外经亚东可进入南亚各国的交通冲要，同时年楚河形成的冲积平原又为流域沿线的河谷地带提供了肥沃的土壤，从古至今，江孜都是高原上的一颗明珠（图49）。

江孜建城有六百多年历史，成书于明代的《后藏志》中有这样的记载：江孜一带的地形有吉祥相，"东坡恰似羊驮米，南坡状似狮子腾空，洁白绸幔张西坡，霍尔儿童敬礼像北坡"。14世纪，元顺帝册封绛曲坚赞为大司徒，掌统全藏大权，绛曲坚赞将藏区划分为十三个大宗，江孜宗就在其中。那时的"宗"相当于县一级的行政建制，出于防御考虑，几乎所有的宗都将宗堡修建在山冈上。从

图 49 亚东至江孜地形

那时起，江孜宗堡便耸立在宗山之上了。

江孜宗堡是西藏现存地势最险要的宗堡建筑。宗堡覆盖了整个山顶，内外分为三层，包括宗本办公室、住宅、经堂、佛殿、仓库等。站在县城仰望宗山，蓝天白云之下，宗堡更显雄伟。

宗山西面为老城区，北面为白居寺。从宗山向白居寺方向走，会经过江孜古城。古城街巷两侧布满民房，建筑带有西藏地方特色，白墙、红檐、窗棂、门楣、幔帐，都透着古朴与温情。站在江孜城的每一条街巷，抬头都可以看到宗山的雄姿，只是从不同角度看到的是宗山不同侧面的巍峨形象，城与山就这样和谐地成为一体。古城巷陌，弥漫着酥油茶的浓香，踏着石板路，闲闲散散地步行，若是清晨，街道上只有修路面的工人，偶尔也会遇到背着白铁皮水桶的老人缓缓经过，打破古巷寂静的是大踏步走来、身着朴素布裙的女子，她们是去上班，还是赶集？再过一会儿，迎来的是满街的学生。这是21世纪江孜古城的清晨，入时却又浸润着浓浓的历史气息（图50）。

江孜古城的那端就是白居寺，这座寺院与江孜古城有着同样久远的历史，大约明代宣德年间，白居寺开始兴建，至今已经有近六百年。白居寺鼎盛时期，寺院为三层平顶藏式建筑，由大殿、法王殿、金刚界殿、护法神殿、道果殿、罗汉殿、无量宫殿和转经回廊等建筑组成，在这座宏伟巨大的寺院外围，是一圈红色围墙。而今，白居寺只留存下措钦大殿与十万佛塔这两处建筑，但仍然不失当年的气派。

今天的古城、古寺，和谐而静谧，古城人民幸福祥和，而在

图 50　仰望江孜宗山

一百多年前，这里却经历了一场血雨腥风，那是英勇的藏族同胞抗击英国侵略者的浴血抗争。

说起那场战争，要从 17 世纪英国在印度建立东印度公司开始。通过东印度公司，英国将印度纳入了殖民统治范围，此后为了维护其在亚洲的既得利益，提出了"三个缓冲区，两个同心圆和一个内湖"的战略。三个"缓冲区"中，第一个是英国管理下的西藏，保证印度不受中国"威胁"；第二个是印度洋，保障印度洋沿岸的国家都在英国的控制之下；第三个是阿富汗，它挡住了沙皇俄国的南下。两个同心圆的内圆是指印度西北边境—尼泊尔—锡金—不丹—阿萨姆邦—印度东北边境一线，外圆则由波斯湾酋长国—波斯—阿富汗—西藏—泰国组成。一个内湖，就是英国控制下的印度洋。在英国人这份用野心绘制的蓝图中，每一个环节都涉及西藏。本着这一战略意图，英国人为了获取在西藏的利益，先后采取各种措施，从周邻国家入手，逐步进入西藏。至19世纪中期，英国已经实现了对尼泊尔、不丹这两个大清藩属国的控制，完成了对西藏的包围。

1890年，《中英会议藏印条约》签订，这项条约将属于西藏的日纳宗划入英国保护下的锡金（古称哲孟雄）。1902年，英国人以察看1890年条约所订疆界为借口，派锡金行政官怀特赴藏、哲边界的嘉岗，迫使西藏边境藏兵撤退，就此拉开了英国人入侵江孜的序幕。

从锡金出山，无论经由乃堆拉山口，还是则里拉山口，侵略军最后都要汇集至亚东，再从亚东经帕里直指江孜。1903年12月12日，英军少将麦克唐纳率一千多名侵略军，携火炮四门、马克沁机枪四挺，越过则里拉山口，打着谈判的旗号，突然入侵西藏，进军仁进岗、春丕、帕里，并推进到堆拉。1904年初，英军进驻到堆拉以北的曲米新古，利用谈判之名欺骗当地藏军熄灭火枪的火绳，发动突然袭击。已经熄灭火绳的藏军，在毫无反抗能力的情况下，遭受了英军的猛烈炮火轰击，几百人瞬时倒在血泊中，这就是曲米新古大屠杀。这次大屠杀中，藏军阵亡一千四百多人，谈判代表拉丁色及随员也惨遭不幸。曲米新古大屠杀，是英国侵略者在中国土地上对西藏人民做出的最野蛮的行为。

离开曲米新古，英军下一步的计划是直接推入江孜。那时的江孜宗，包括现在的亚东县、康马县、江孜县、白朗县、浪卡子县部分地区，是一片广大的土地。江孜抗英战役由发生在杂昌、扎奎庄园、帕拉庄园、乃尼寺、紫金寺的几场保卫战组成，从地理位置来看，这些战事地点都处在由亚东通向江孜的路途上。英军试图通过江孜，扑向日喀则，直指拉萨，而藏军的一次次阻击，是要将英军挡在通向拉萨的路上。

杂昌位于康马境内，这是一条约三公里长的峡谷，高山峭壁之间的一条窄道，藏军利用地形，迎击进入山谷的英军先头部队，获得了成功，但英军后续部队强大的炮火，迫使藏军退守山谷。扎奎庄园位于江孜城东郊约四公里处，地处英军的运输补给线上。藏军手持火绳枪，血战英军，终因武器落后失去阵地，全力退向宗山附近。宗山附近的战斗，继续在帕拉庄园进行，庄园内一百多守兵奋力抗击，因孤立无援被迫撤退到白居寺，并入宗山部队。英军攻入帕拉庄园后，大肆烧抢，庄园上空浓烟滚滚，一片火海。还有一场战事发生在乃尼寺。这是距江孜城约十公里的一处寺院，位于江孜东南至亚东的道路上。守护在这里的藏军手持大刀与英军决战，经过两个小时的白刃战，藏军寡不敌众，退向宗山。乃尼失陷后，围绕江孜宗山的下一场阻击战发生在紫金寺。紫金寺位于江孜城以西十公里处，也是江孜外围的前哨。为了争夺此地，英军组织了二百多名骑兵和一千多名步兵开到紫金寺山脚下。面对英军的大炮，藏军打得非常英勇。英军先用大炮猛轰紫金寺建筑物，寺内的九个扎仓（佛学研究院）、拥有四十根柱子的大殿、九座楼房和六十所僧舍，均毁于英军的炮火之下。为了占领寺院，一部分英军迂回到紫金山后，攻夺寺后的山顶，两面夹击，同时向寺庙进攻，紫金寺失守。英军进入寺院，将寺内珍贵文物洗劫一空。

为了抗击英军入侵，从亚东通向江孜的道路上，洒满了藏族同胞的热血。每一场阻击战中，参战的同胞都付出了巨大牺牲，甚至连乃尼寺、紫金寺这些佛门圣地也没有躲过侵略者的屠杀。

紫金寺失守后，江孜宗堡外围的防御据点基本都被攻占，宗山守军陷入孤立无援的困境。从4月中旬英军侵入江孜以来，三个月中，宗山守军一直坚守宗堡。藏军的坚守让英军十分恼怒，他们急于奔向拉萨，需要尽快攻下宗山。7月5日凌晨，英军分三路开始进攻，一路攻打江孜城街，激战至晚7时，江孜城沦陷；另外两路英军在大炮的掩护下，猛攻宗山。这是江孜保卫战的最后关头，数千名藏军坚守堡垒，用土炮、土枪、弓箭、抛石器等打退了英军一次次进攻。山上的藏军驻守数月，缺粮缺水，不少士兵只得以尿止渴，一些士兵嚼羊毛、干草充饥。7月6日，英军使用大口径火炮，将江孜宗城堡轰开一个缺口，守护宗山的藏军和民兵弹尽粮绝，以刀、矛、棍棒等与英军展开白刃搏斗。但终因伤亡过重，一部分藏军不得不从西南方向的悬崖上用绳子吊下来，突出英军的重围，转移到白居寺继续投入战斗，另一部分来不及突围的勇士全部跳崖殉国，壮烈牺牲。宗山沦陷。

奋战三天三夜，藏族军民以血肉之躯抗击英国侵略者，英勇、悲壮的江孜保卫战结束了。江孜失陷，8月，英军占领拉萨。

一百多年前的那段抗英战斗早已成为往事，但我们都没有忘记这段可歌可泣的抵御外辱的历史。走进江孜，仰望宗山，当年的刀光血影依稀浮现在眼前，震天动地的炮火余音未绝，一座英雄城成为永远的纪念碑，耸立在雪域高原之上。

## 守江必守淮

"守江必守淮"是一个历史军事地理话题,产生这个话题的背景则是历史上的南北之争,以及由此导致的统一与分裂。

追溯中国历史上南北之间的军事交锋,虽然无法找出清楚的起始时间,但可以确定分别以黄河流域、长江流域为核心形成北、南两大政治地域,是在魏晋南北朝时期。在这三百多年间,基于两条大河的地域空间与经济基础,在政治、军事力量的推动下,不仅北方移民不断迁入南方,且南北之间的军事交锋也频繁出现在历史舞台上。

阅读历史,与人相关的事总会受到关注,与地相关的事却往往被忽略。那么,撇开人事,南北交战,战场设在什么地方?这正是我们关注的问题,同时也会在关注中解读,为什么战场会在那里。

若将魏晋南北朝时期南北交战的地点落在地图上,我们会看到战场正位于江淮地带。当代地理学告诉我们,秦岭—淮河一线是中国南北方的地理分界线,这里也是年降雨量800毫米等值线、1月份0℃等温线、亚热带和暖温带分界等重要的地理界限,难道早在千余年前,人们已经意识到这样的地理差异,并用来界分南北,在此设定战场吗？事实并非如此。

探讨这一问题的着眼点，在于淮河流域自身。无论文化序列，还是经济发展进程，淮河流域均与长江、黄河流域不同，总的来看，这一地区经历了从文化独立到经济边缘的变化历程，正是这样的变革，导致南北之间的战场从长江一线转至淮河一线。

先秦时期，出现了江、河、淮、济"四渎"的理念，这说明淮河流域获得了与江、河同等重要的地位。古人认为，"渎，独也。各独出其所而入海也"，所谓"四渎"，即四条独流入海的江河。淮河跻身于"四渎"之中，在古人观念中不仅有着与黄河、长江同样尊贵的地位，且具有十足的地区独立性，对此，可以从史前文化类型获得证据。淮河流域重要的史前时期考古文化类型为青莲岗文化（距今约7400—6400年），主要分布在山东省中部、南部，以及江苏省北部汶、泗、沂、沭诸水与淮河交汇地区，中心位于淮河下游平原。与青莲岗文化形成空间对应的是仰韶文化，前者主要分布于以淮河下游为中心的东部地区，后者则分布在以豫西、关中为中心的黄河中游及毗邻地区。青莲岗文化不仅形成了独立的分布空间，而且具有独立的文化特征，这是不同于黄河中游的考古文化类型。此后，龙山文化（距今4000年）诞生于东方，经历了自东向西的空间扩展历程，最终龙山文化分布范围覆盖了仰韶文化的大部分区域，但东西之间文化特色的差异性仍然十分明显。从史前时期进入国家阶段，值得关注的是西周初期武王、周公两次大规模分封诸侯，其分封地从晋南、豫北、豫中向东方延伸。周公辅政时期，在淮水上游出现诸侯国的同时，今山东境内也有了齐、鲁等国，而分布在淮河中下游地区的土著则与部分东夷结合，构成被中原称为淮夷的文化人群，成为西周时期立足于淮河流域、独立于西周之外的重要势力。

一个地区要保持文化的独立性，离不开地理基础的支撑。成文于战国初期的《禹贡》记载，大禹把天下分为九州，九州中，"海、岱及淮惟徐州"。淮河流域属于徐州，而徐州即淮夷所在之处，其贡物"淮夷蠙珠暨鱼"。唐人孔颖达在《尚书正义》中说："蠙是蚌之别名，此蚌出珠，遂以蠙为珠名。"将蠙珠与鱼作为贡物，说明淮夷所在之处，是一处水环境十分突出的地方。与水环境对应，《禹贡》说，徐州的土壤属于坟土，这类土壤存在积水，但水退之后仍然可以选择性地发展农业，这是不同于黄河中游的豫州、雍州，也不同于黄河下游兖州的土壤与环境条件。正是如此，淮夷所在的淮河流域，属于渔猎占主导地位的区域。地理环境是一个独立文化人群立足的基础，以黄河中下游为核心的中原王朝对于淮河流域的控制，在政治、军事征服的同时，还存在环境适应问题，也许正是由于这样的原因，淮河流域才得以在相当长的时段保持文化的独立性与空间的完整性。

淮河流域失去文化独立性走向经济边缘性，与黄河、长江两大流域的发展相关。伴随黄河中下游地区的强大，中原政权在南向发展中将控制范围逐渐从黄河流域延伸至淮河流域。淮河流域被纳入中原势力范围的初期，在空间上处于中原政权政治、经济、文化的边缘，此后若中原政权继续依照淮河流域、长江流域，自北向南完成政治扩展，那么淮河流域将逐渐从地理边缘变为腹心，但这样的空间发展至春秋时期便中断了，崛起于长江流域的楚国、吴国挡住了中原政权南下的步伐。楚国核心在长江中游，吴国核心在长江下游,春秋战国时期两国先后向北发展,且楚国势力在北向发展中一度将政治、经济核心转向淮河流域,尤其战国后期楚都迁陈、迁寿春对于沿淮地带发展起到了重要的推动作用。但这样的时段并不占主流,多数时期淮河一带都处于长江流域政权的边缘。在秦汉两朝统一帝国之下,淮河流域边缘化的特点有所消弭,但在汉武帝元光年间,"河决于瓠子,东南注钜野,通于淮、泗"[1],此次黄河决口泛滥二十余年。新莽时期,"河决魏郡,泛清河以东数郡"[2],这就是后人所认定的黄河第二次重大改道,此次河水夺淮泛滥达六十年。黄河数次决口,长期泛滥于淮河流域,不仅中断了这一地区的农业发展进程,而且再次强化了其边缘区特征。黄泛区的存在并不能改变淮河流域介于河、江之间的地理位置,但自然灾害使这里成为农业生产不连续分布的区域。

两汉时期,中国古代经济重心位于黄河中下游地区,至魏晋南北朝时期,黄河、长江流域政治上的对立,为长江下游经济崛起创造了机会。随着唐宋时期中国古代经济重心转向长江下游地区,淮河流域边缘性的地位基本成型。北方黄河流域历代都是国家的政治中心,长江下游平原地带则具有经济中心的地位,淮河流域处于南北两大区域之交,介于政治与经济中心之间,不仅边缘性越来越突出,而且对于河、江两大区域的依赖性也越来越明显。正是出于这样的原因,秦汉以后,淮河流域没有成为任何一类政权的都城所在地,而且在清代的行政区划中,这里也无法继续保持流域的完整,

---

[1] 《史记》卷二九《河渠书》。
[2] 《汉书》卷九九中《王莽传》。

而分属于江苏、安徽、山东、河南四省。

淮河流域或从属于河或从属于江的边缘性特征，不仅由于其介于黄河、长江两大区域之间的地理位置，也与自身的地貌特征有关。翻开地图，我们会看到，在淮河流域的南北两侧，与长江、黄河几乎没有完整的分水岭。流域整体地势自西北向东南倾斜，上游有桐柏山脉、大别山脉与伏牛山脉构成的江淮、河淮的分水岭，而中下游地区则是平原，没有自然地物界分江淮、河淮。平原上较高的地物便是河流两岸的人工堤。比如，黄河南岸大堤为河淮之间的分水岭，大别山以东岗丘连绵，向东北延伸至洪泽湖以南，高程一般在50~100米，洪泽湖以南的人工堤，也发挥着江淮分水岭的作用。淮河流域地理边界条件模糊，若将这里作为政治空间，几乎没有可以依凭的天然屏障，这样的地理形式不仅不具备古人所强调的形胜理念，而且失去了自身的独立性。淮河流域北部与黄河连为一体，南部则与长江连为一体，因此无论黄河还是长江，都可将其看作本流域的自然延伸部分。当代地理学用淮河界分南北，而事实上，从政治、军事着眼，淮河流域属于真正的不南不北之地（图51）。

不南不北的地域特征，使得它既是南北政权的缓冲地带，也是双方交战的战场。以黄河、长江流域为各自中心的地区，不仅在地理上构成了两大区域，政治上也往往分为两大集团，每当南北政治集团分裂时，交战地自然就在不南不北的淮河流域。

然而，最令人关注的，不是南北交战以淮为战场，而是战后的结局。历史告诉我们，决定战争结局的是战前淮河流域的归属。明末清初的沿革地理学家顾祖禹著有《读史方舆纪要》一书，历数了

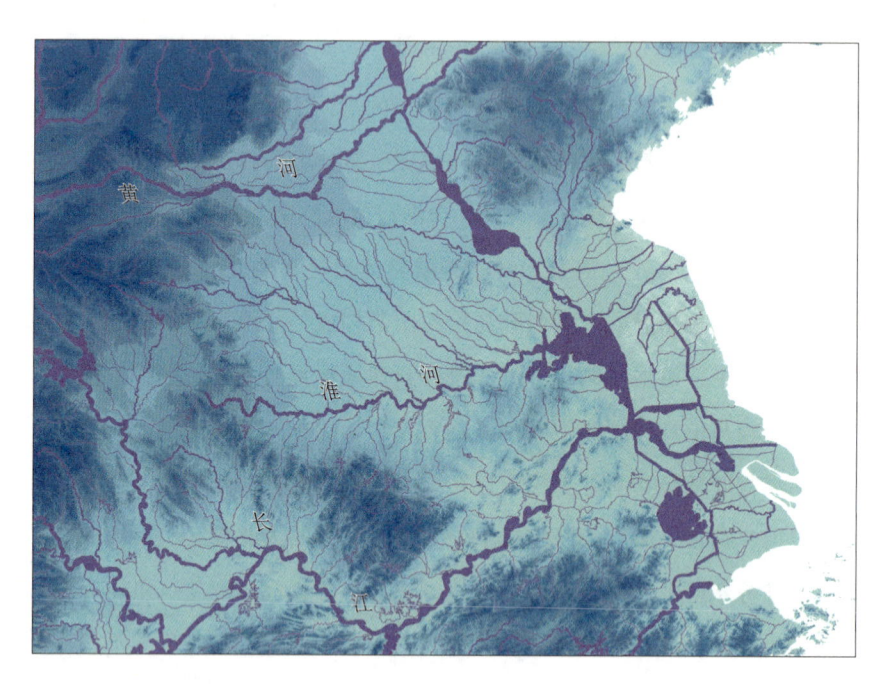

图 51　淮河流域地形

江淮地理与战守关系。其中，以北方政权而论，三国时期孙吴与曹魏以江为界，孙吴未经营淮河流域，曹魏邓艾却在此屯田驻守，最终魏胜而吴亡。再看南方政权，东晋、宋、齐、梁，乃至五代十国时期的吴，均拥有淮地，因此得以长久与北方政权抗衡。东晋与前秦的淝水之战，五代十国时期杨行密与朱全忠的清口之役，在这些以少胜多的战例中，获胜关键也在于控制淮河流域的关要地带。进一步讨论这些战例可以看到，长江流域出现政权中心的孙吴时期，仅是农业开发的初期，尚没有能力治江又理淮，于是战线处于长江一线，而此时的淮河流域既是黄河流域的延伸地带，也是军事上的屏障。此后，随着北方人南下数量增加，以及移民自北向南迁移路径的形成，东晋南朝时期，江淮联为一体，淮河流域成为长江流域的延伸部分，于是南方政权不但得以支撑且在战事上获得了胜利。

回顾南北交战的战例，顾祖禹认为，"江南以江淮为险，而守江莫如守淮"，且根据战前淮河流域的南北归属对于双方战后结局的影响，最终形成了"南得淮则足以拒北，北得淮则南不可复保"的结论。这一结论的精辟之处在于它道出了一个事实：南北交战，若淮河流域在南方政权控制中，则南方获胜可以实现南北政权分治；若淮河流域在北方政权手中，则获胜后的结果是南北统一。

"守江必守淮"，是古人形成的结论，它几乎成为后世军事战略的主旨。淮海战役是解放战争三大战役之一，且是国共双方投入军事力量最大的一次战役。整个战役经历了碾庄、双堆集、陈官庄三个阶段。翻开地图，这三个地方均位于平原之上，几乎不存在战术争夺的价值，但是每个阶段交战都发生在淮河流域，而淮河流域自身不仅存在重要的战术价值，而且有着非同寻常的战略意义。淮海战役开战之前，南京方面希望划江为界，营建新的南北朝，而远在西柏坡的中共战略家们怎能不知"南得淮则足以拒北，北得淮则南不可复保"的道理。淮海战役打响之前，国共两党最高统帅部都认识到此战关系重大。1948年11月16日，毛泽东致电总前委说："此战胜利，不但长江以北局面大定，即全国局面亦可基本上解决。"[1]

---

1 中国人民解放军历史资料丛书编审委员会编：《淮海战役·综述文献大事记图表》，《中央军委关于成立总前委致刘伯承、陈毅、邓小平等电（1948年11月16日）》，解放军出版社，1989，第149页。

此前，蒋介石也致函黄百韬说："此次徐淮会战，实为我革命成败，国家存亡最大之关键。"[1] 为了赢得淮海战役，华野、中野两支部队付出了极大牺牲，经过两个月的激战，最终拿下淮河流域。中国共产党领导的军队赢得了这一战事，不仅打破了蒋介石划江为界、建立又一个南北朝的美梦，而且随着淮海战役的胜利，渡江南下，将革命进行到底，解放全中国，也只是时间问题。因此，从战略角度审度，淮海战役是决定中国革命成功与否的关键之战。

淮河流域地处四战之地，不是因为险，而是因其属于长江、黄河流域的自然延伸地带，不南不北，南北互相以淮为屏障，一旦交战，关键地带不在于河，也不在于江，只在于淮。

历史上的战争风云早已远去，如今行走在淮河两岸，周围的农田、村落看上去寻常而宁静。设置在淮河上的南北分界线凸显着这里不寻常的自然地理特征，但政治、军事视角之下的淮河流域，却是既不南也不北之地。

---

[1] 中共中央文献研究室第一编研部与中国人民解放军军事科学院战争理论和战略研究部编：《军事统帅毛泽东》，贵州人民出版社，2007，第354页。

# 四合院——东西南北的"家"

谁没有家呢？家，是个温暖的小窝，暖在心里的是浓浓的亲情，遮风避雨的是砖石泥瓦的房屋。家的温暖长在人心上，就像牵动风筝的那根线，无论厮守故土，还是漂游万里，归途有短有长，不变的是回家的心愿。

家，是那么重要，人们对于留住亲情的房屋自然也分外在意，在意它的样式，在意它的用材，在意它的颜色，更在意砖石泥瓦间透出的内涵。于是，建筑不仅有着遮风避雨的功能，也成为一种文化。文化是一种讲究，院落中一砖一石、一花一木，都在习惯中成为规矩，又在辈辈相传中被承袭下来，成为固定的偏好。

中国这么大，从南到北五千多公里，从东到西五千多公里，一方水土养一方人，每方土地上的人们在营造自己的家时，总会注入家乡特色。或粉壁乌瓦，或木梯板壁，或依山开窑，或临江吊脚……山南地北的人们根据家乡的环境，精心营造出各式民居。然而，尽管各地未经商量，也没有相互效仿，不同的民居中却暗含着建筑布局的一致性，这就是四合院的基本特征。

## 四合院的定义

什么是四合院呢？这是个听着熟悉却需要解读的问题。建筑学早就为四合院类型的建筑做出了定义，但凡一处院落具有四周封闭、沿中轴线对称的布局，就具有四合院的基本特征。真正的四合，不仅指院子是四方的，更关键的是院内四个方向都有房屋，占全东、西、南、北，进而才能称为四合。

有人会问，既然古人没有任何信息沟通，各地却几乎都将四合院建筑要素包含在自己的院落中，这是为什么？解读这个问题，就要涉及古代的规矩与讲究，《礼记》这部古代文献留下了有关记载。《礼记》由西汉时期的戴圣编纂完成，书中汇编了战国至汉初的儒家礼仪与中国古代的典章制度，其中《内则》一篇中有这样的记载："为宫室，辨外内。男子居外，女子居内。"将这句话变为白话文，讲的是这样的规矩：修建宫室或房屋，一定要严格区分内外，即使一家人，也要男子居外，女子居内。怎样才能做到内外有别呢？在四方的院落围上院墙，再将院子分成内院、外院，有了这一切还不够，为了充分利用空间，院落中四个方向均需安置房屋，这就是四合院格局的由来。

《礼记》的那个时代距离今天太远了，其中有很多讲究今天的我们并不认同，但古人却一直视其为经典，并作为做人做事的准则。于是，本着内外有别的规则，各地的房屋虽样式大相径庭，却不约而同都采用了四合院的建筑形制。

欧美人喜欢将自己的家建在一片绿地上，周围只有矮矮的篱笆、低低的栅栏，孩子的嬉戏、大人的忙碌，都在路人的视线中。

西方人的开敞与东方人的内敛，二者截然不同，是历史与文化让我们之间有了这样的差别。

## 四合院的历史

四合院这种建筑并不专属于一地，也不专属于一时，我们称其为中国四合院，就包括了时空的双重含义。

那么，我们的先祖采用四合院式的建筑究竟有多久的历史？

说起这个问题，就要从中国历史早期入手。在距今7000—5000年前，甚至更早，中国大地上已经发展出了灿烂的史前文明，先祖根据各地的环境条件营造了自己的家。

考古学的成果告诉我们，那时北方黄河中下游地区采用的是半地穴型民居，以适应北方冬季寒冷、夏季炎热的气候。半地穴型民居的特点就是房屋一半在地下，一半在地上，有经验的老人告诉我们，这样的房屋冬暖夏凉。在黄河中下游地区的考古遗址发掘现场中，我们可以看到的是房屋地下的那一半。那时的古人在地表之下挖出凹陷的坑，这就是地穴，地穴的南侧往往有一道斜坡通向外面，地穴内部有烧饭的灶，地面被处理成硬土，铺上草就可以休息。靠近地穴边缘处均匀分布着几个柱子洞，当年有柱子伫立在这里，用来支撑草棚屋顶，于是就有了地上那部分。通过根据遗址绘制而成的复原图，我们看到了那时黄河流域先祖"家"的面貌（图52）。

与黄河流域不同，长江流域不仅气候湿热，还分布着密集的河流、湖泊、沼泽。针对这里的环境，至少距今7000年前，人们已经发明了干栏式建筑，浙江余姚市河姆渡遗址，就留下了大片干栏式建筑的遗迹。那么，什么是干栏式建筑？但凡去过云南西双版纳的人，一定注意到了傣族的竹楼，这就是干栏式建筑。这种建筑最大的特点是用竖立的木桩或竹桩将屋底架起，悬空的地板不直接接触潮湿的地面，有效地避免了潮湿带来的疾病与野兽虫蛇的侵扰（图53）。

这时，无论北方，还是南方，都还没有出现四合院。随着时间的推移流转，人们适应自然环境的能力不断增强，黄河流域的半地穴式建筑逐渐上升到地面之上，长江流域的干栏式建筑也落到了地表，四合院终于跃入我们的视野中。

我们看到的最早的四合院，位于陕西关中平原西部的周原。周原地处岐山与扶风两县之间，《诗经》中的"周原膴膴，堇荼如饴"，称颂的就是这里。那是一片肥沃而宽广的平原，即使是苦菜也有着蜜糖一样的味道。早在三千多年前，周人就生活在这里，并留下大片的宫殿遗址。考古发现，岐山县凤雏村的一处宫殿建筑基址，建筑前后形成两进院落，沿中轴线自南而北布置了广场、照壁、门道，以及两侧左右对称分布的堂屋。由此进入庭院，内有坐北朝南的殿堂，再向内是第二进院落，被分割为东西两个小院。这处宫殿基址坐北朝南，以中轴线形成对称，且整个院落四周用回廊环绕，具有标准的四合院建筑特征。根据这处基址，考古学家绘制了建筑复原图，一处距今三千多年的四合院，就展现在我们面前了。

周原考古只是揭开四合院历史的开端，此后各个历史阶段均有遗址与文物见证了四合院发展的历史（图54）。

图 52　史前时期黄河中下游地区半地穴式民居

图 53　史前时期长江中下游地区干栏式建筑

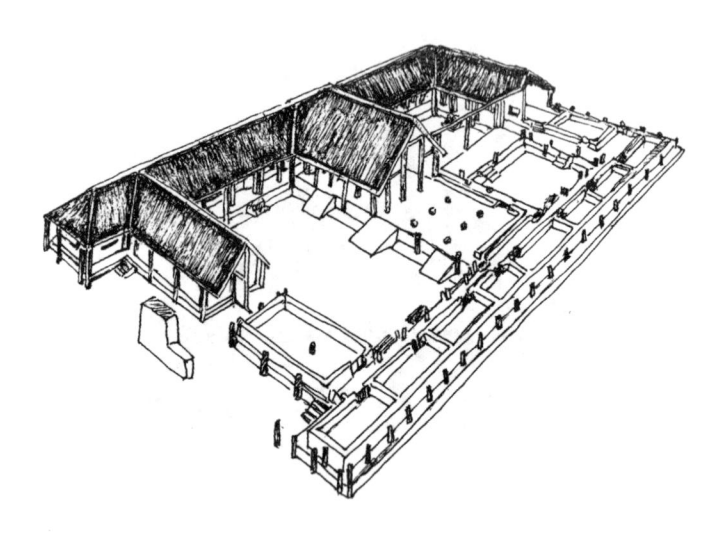

图 54　岐山县凤雏村一处宫殿建筑基址

　　汉代距今两千年，考古工作者在那个时代的墓葬中，发现了大量画像石与陶制建筑模型，正是这些汉代的画像石与出土的建筑模型，向我们展示了各类四合院建筑。其中，陕西扶风县官务村出土的汉代院落陶器，沿中轴线通过门楼、门厅进入院内，庭院内的正房、东西厢房构成一组建筑，二进院落的建筑则是一处二层小楼，看得出来，这是一种庭院式的四合院（图55）。除庭院式的四合院，汉代还另有一种称为"坞壁"的院落，什么是坞壁？生活于宋元之交的学者胡三省称："城之小者曰坞，天下兵争，聚众筑坞以自守。"坞壁如同小城，围墙环绕，前后开门，坞内有望楼，四边建角楼。整个家族都居住在坞壁之内，白天出外

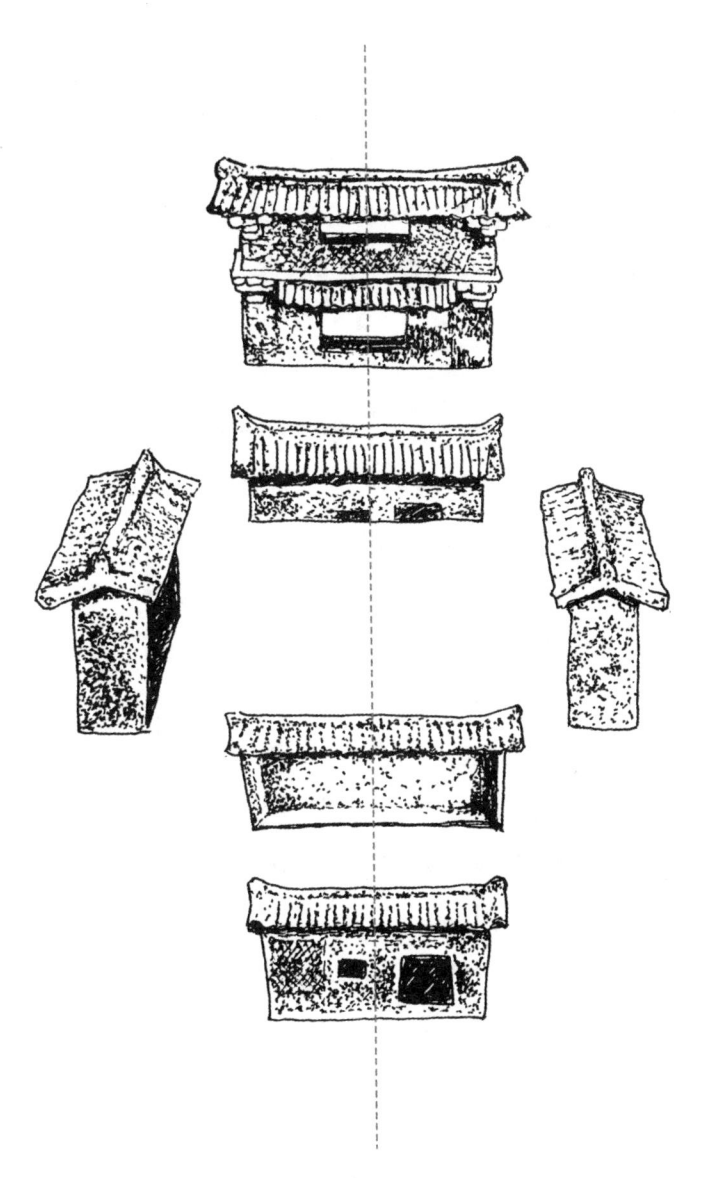

图 55　陕西扶风官务村出土汉代院落陶器

从事农业生产，夜晚回到坞壁里。这是在汉代，尤其社会动荡的东汉年间，大户人家为了安全兴建的建筑。尽管兴建坞壁出于自卫，但院内的建筑布局仍有四合之势。汉代的坞壁谁也没见过，但很多人去过福建，参观过当地的土楼，虽然时代不同，规模不同，不过在聚族而居、坚固而封闭这一点上，二者有很多相同之处。

唐代是中国历史上一个盛大的王朝，我们每个人都读过唐诗，李白诗中有云，"长安一片月，万户捣衣声"，月下的长安城，那些家、那些院儿，会是什么样呢？对此，考古学又给我们提供了想象的依据。唐代四合院模型保存下来的更多了，陕西商洛市、西安市西郊中堡村、长安区灵沼乡出土的三彩庭院都是四合院，其中陕西商洛市的那组三彩院落特点尤其鲜明。这组三彩共有三进院落，沿中轴线有大门、影壁，随后是一进、二进院落，每个院落均由正房、东西厢房构成，三进院落为一溜后罩房，这样的建筑布局已经与后世的四合院没有什么区别了。西安市出土的几组四合院模型，有着与商洛市相同的院落，那时的长安城有万户、十万户，也就是万家、十万家四合院（图56）。

宋代诗词中同样有对城市的描述，苏轼词中"半壕春水一城花，烟雨暗千家"的密州，柳永词中"烟柳画桥，风帘翠幕，参差十万人家"的杭州，司马光诗中"洛阳春日最繁华，红绿阴中十万家"的洛阳，千家，万家，每户人家也应是四合院。宋代的绘画描绘了许多房屋建筑，《清明上河图》画面中的一街一景，都能看到四合院的边角。城里的建筑是四合院，乡下呢？北宋时期留下的另一幅名画《千里江山图》，画面中群山层峦起伏，江河烟波浩渺，

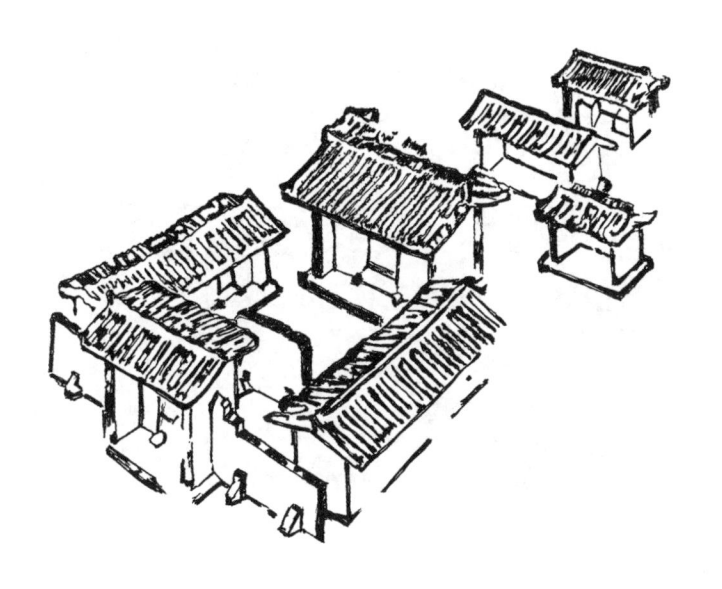

图 56　陕西商洛出土唐代四合院模型

山水之交也绘有几处茅庵草舍，仔细看竹篱所在之处，四面皆有茅舍，自成四合院格局（图 57、图 58、图 59）。

　　明清时期距离我们今天已经很近了，各地都留下一些老宅、老屋，不再需要文物来提醒我们。这些饱经风霜的宅院，早已褪下了明丽的色彩，但残垣断壁间仍然不失东、西、南、北四面皆有建筑的特点，成为现实中最老的四合院。比如，河南商丘富商穆氏家族四合院、河北省定州市"中华平民教育总会办事处"旧址、浙江东阳卢宅明清古建筑群、浙江绍兴周恩来总理祖居、江苏常州瞿秋白故居、北京门头沟爨底下明代村落……尽管岁月的流逝会淹没许多往事，但这些老房子让我们得以就近触摸到历史，触摸到往日的"家"。

图 57　清院本《清明上河图》局部，现藏北京故宫博物院

图 58　《千里江山图》局部，现藏北京故宫博物院

图59 《千里江山图》局部，现藏北京故宫博物院

无论文物、遗址，还是保存至今的老房子，共同将四合院的历史串成了一条脉络，从往古迈入当代。尤为不寻常的是，在四合院数千年的历史中，人们并没有只将这种建筑形式用作民居，宫殿、官衙、佛寺、道观……几乎所有功能的建筑，都采用了四合院形式，宏伟的紫禁城，散布在全国各地的千百座寺庙，无一不是四合院。于是，四合成一统，悠悠传古今，四合院成为我们应用最久、最具传统的建筑。

## 四合院的地理分布

四合院的历史让我们看到文明的积淀，四合院的地理分布则显示出空间的广博。

中国很大，各地营造的四合院随乡土所宜，各有差别。我们讲述四合院的地理分布，同时也展示各地四合院的特征。

一部名为《大红灯笼高高挂》的电影，吸引了海内外游客来到山西，探访那段悲剧人生上演之地。当然，故事中的人与事或许都是虚构的，唯有精致且幽深的山西大院真真儿地坐落在那里。山西留下来的老宅、大院不止祁县乔家大院一处，几乎每县都有几套老宅子，或显于闹市，或隐在乡村。在过往的时光中，院落的主人们走过了不一样的人生，但他们的院落却有着统一的内核。山西四合院以两进为多，院落为长方形，无论正房、厢房，一般人家多采用平房，大户人家则建起上下两层，楼上楼下，砖木雕饰精细而富有内涵。山西一年的雨水不多，屋顶多选择一面坡，单向倾斜的屋顶将雨水引导流入院内，讲究的是肥水不外流。有人说，山西大院像一座城，坚实的院墙，高耸的门楼，外加屋顶上的望楼，确有城的规模，走进院内，你会发现大院套小院，许多四合小院组合为一体，构成了大院。也许节俭的山西人没有想到，正是当地的习俗，为我们留下了大片拥有历史内涵的民居建筑（图60）。

接下来我们又要说到一部电影，《五朵金花》。这是20世纪60年代初家喻户晓的作品，五朵金花是五位美丽的白族姑娘，她们勤劳、善良。电影中一位金花婚礼的拍摄地点就在大理喜洲白族传统民居内。白族的传统民居也属于四合院，建筑学将这类民居称为"一颗印"式建筑。院落大门位居中轴线上，走进院落，通常正房三间，左右各有两间厢房，当地人称这样的布局为三间四耳。耳，说的是左右厢房，临街一面为倒座房。倒座房外，三面

图60　山西四合院

房屋均建为二层，宅院外面环以高墙，外观方方正正，与古代官印十分相似，故有"一颗印"之称。我们在电影中看到的故事源于白族，其实，在云南中部这类民居十分盛行，白族、彝族、纳西族、汉族都喜欢这种建筑（图61）。

长江流域的四合院被称为四水归堂。建筑学认为，最典型的四水归堂民居在徽州。徽州位于安徽南部，地处地少形狭的丘陵山区。也许正是这样的环境，那里的民居布局紧凑，占地面积也不大，走进大门，迎面正房为大厅，后面院内常建为二层楼房。当然，整套民居最受关注的是院落，当地人将院落称为天井，东南西北四个方向的屋顶彼此相连，雨水顺着内斜的屋顶从四面流入天井，寓意"四水归堂、水聚天心"。江南一带夏季十分炎热，以遮阴为故，天井都不大，四周高屋围堵，状如深井。走进静谧的古村，伏在老屋的窗口，远处是石板小街，低头则是自家的方寸天地，时光似乎将昨天与今天锁在了同一片屋瓦之下。徽州的民居可称为四水归堂类型四合院的代表，但是这样的民居并不限于一地，沿长江水路一路东下，川、渝、湘、鄂、赣，直至皖、苏、浙，都采用了四水归堂的建筑形式，小桥流水人家，同样的天地、同样的老屋，却有着不一样的人生（图62、图63）。

从江南到西北，那是完全不同的风光，在干旱少雨的黄土高原，窑洞几乎成为人们记忆中最深刻的西北民居。20世纪80年代流行过一首名为《黄土高坡》的歌曲，在高亢、苍凉的曲调中追寻着往日的回忆："我家住在黄土高坡，日头从坡上走过，照着我的窑洞，晒着我的胳臂，还有我的牛跟着我。"窑洞是黄土高原往日生活的一部分，但是就其挖凿方式而言，也有不同类型，顺着黄土

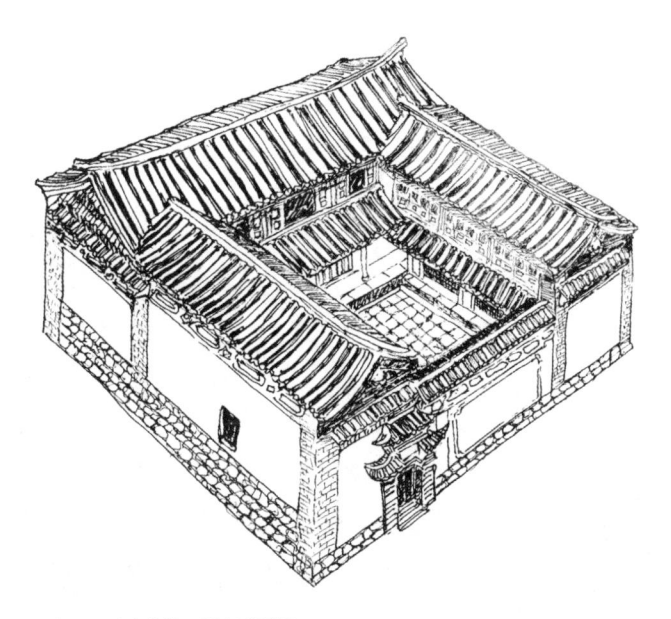

图 61 云南白族一颗印式民居

图 62 四水归堂民居的屋顶

图63　江南民居内部天井

坡修造的称为靠山式窑洞，依托埋藏深厚的黄土向下挖掘的称为下沉式窑洞。下沉式窑洞具备完整的四合院布局特点，每一处挖掘而成的院落都是四方形，院落四壁各开凿出几孔窑，四合而围，俨然四合院之型。

家的故事是各种各样的，而为家营造的房屋却有着建筑格局上的一致性，均呈现四合院的特征。无论东西，以至南北，四合而居成为中国大地上分布最广的民居形式。若想获得真实的体验，行走在各处时，一定不要忘记看看那些有年月的老屋。

四合院历史之久远，早已让它走出了民居这层价值，一个个春秋，让一辈辈人的生活融入院落中。仔细想想，追寻四合院的前生今世，既是建筑史的命题，也是对于曾经经历过的人生的回顾。

# 北京四合院与四合院文化

四合院对于建筑学而言，只是民居中的一种类型，而对于一块土地上的人们，它既是家，也是文化。

一方水土养一方人，一方水土，指的就是我们脚下的土地与头顶的蓝天，大自然的禀赋让我们获得了生存的基础，也让我们有了打造自己家园的灵感。坐落在各地的四合院，每块砖瓦都铭刻着家乡土地的烙印，无论建筑，还是建筑文化，各地不分伯仲，不过为人们提起最多的仍是北京的四合院。

也许是因为北京是中国帝王留下的最后一处都城，也许是因为北京特有的帝都风俗，北京四合院成为中国四合院建筑的代表。

作家张恨水在《五月的北平》中这样说起北京，说起北京的四合院："北平的房子，大概都是四合院。这个院子，就可以雄视全国建筑。洋楼带花园，这是最令人羡慕的新式住房。可是在北平人看来，那太不算一回事了。北平所谓大宅门，哪家不是七八上下十个院子？哪个院子里不是花果扶疏？这且不谈，就是中产之家，除了大院一个，总还有一两个小院相配合。"谁说不是呢，如果时光倒流，回到一百年前的北京，我们会看到，无论贵族还是平民大都住在四合院内，区别只在于，红墙黄瓦的宫殿住的是皇上，青砖灰瓦的院落属于百姓。四合院既是北京的建筑基本形式，也是城市构成的单元，因此很难说清，究竟是北京的四合院，还是四合院式的北京。

## 元大都的街道

北京的四合院与北京城几乎同步建成，元大都是北京城作为统一王朝国都的起点，北京四合院也在大都的建设中一一落在了自己的位置上。

元代诗句"云开间阖三千丈，雾暗楼台百万家"讲的就是北京，这"百万家"的住宅，便是如今所说的四合院。住宅、院落都分布在街道两侧，因此说起北京四合院一定离不开北京的街道，而北京现今街道的格局都是从元大都起步的。大都兴建之初，由刘秉忠主持设计，从那时起对于城内大街小巷的尺量就做出了规定。根据《析津志》记载：元大都街制，"大街二十四步阔，小街十二步阔"，比小街更低一级的街道是胡同，大约六步宽。一步大约一米，这样一算，大街宽约25米，小街13米，胡同宽约6~7米。无论大街、小街、胡同，都是走车、走人的道路，民居建筑就建在街道两侧。大都城内大街、小巷大多成东西南北直角相交，构成棋盘状格局。从北京城的建设史来看，元、明、清几代，大街小巷的格局基本没有大的变化（图64），因此留给街道、胡同两侧的四合院的建筑空间也没有改变。这样自然提出一个问题，大小不同的院落既不能破坏预留的建筑空间，又要保证各自的用地需求，它们会以怎样的方式互相搭配组合呢？

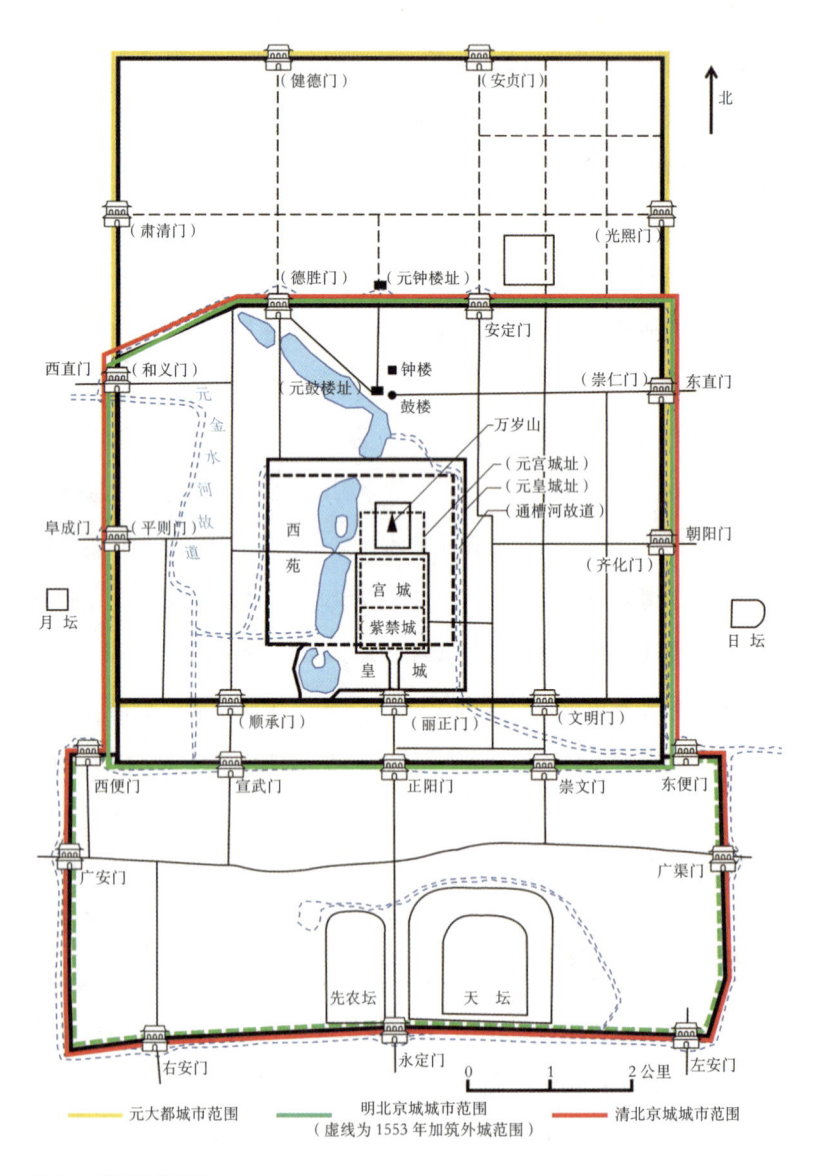

图 64 元明清北京城

## 北京四合院的组合方式

　　一座城市，各个家庭的财力、人口一定是不同的，因此作为"家"的院落也有大小之分，街道、胡同两侧的建筑用地是固定的，合理利用这些土地，必然存在大院子、小院子互相搭配的问题。说起这个问题，首先要从确定院子的进深开始。

　　北京四合院的进深依院落的数目而定，一般分为一进、二进、三进、四进，每一进院落都拥有一个完整的闭合空间，每增加一进意味着多了一个封闭的院落。由于胡同间的建筑空间是固定的，一般二进与二进院落背对背组合，分布在两条胡同之间，一进与三进院落背对背组合，四进院落则独自占用两条胡同之间的建筑用地。由于四进四合院的大门开在前面胡同，后墙在背后的胡同，有时为了方便，也会在后墙开一扇后门。说到这里，不由得想起，早年革命者的回忆以及影视作品中的故事场景：被特务紧紧跟踪的革命者走进一处人家，守在门口的特务左右等不到人出来，冲进去搜查，才发现院落有后门，他们跟踪的对象早从后门走了。开设后门，只有四进四合院有这个可能（图65）。

　　因为都城的地位，聚拢在北京的不只平民与官员，还有皇室贵族。贵族的府第规模很大，往往不只四进四合，也有五进、七进的，不断循纵向发展。于是问题就来了，这些超出两条胡同间建筑用地的院落，执意建在胡同中必然破坏原有的交通格局，那么它们会建在什么地方呢？

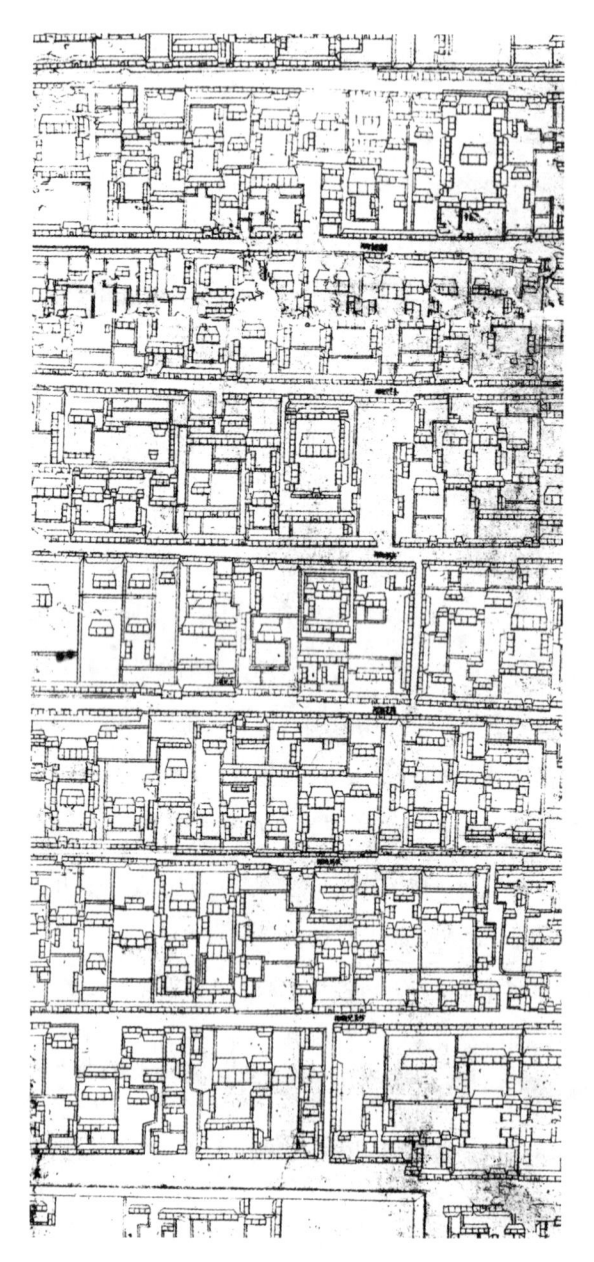

图 65 《乾隆京城全图》局部，现藏北京故宫博物院

## 贵族府第的用地选择

贵族的府第属于大型四合院，这些超出胡同间建筑用地的院落，是整座城市统筹规划中的大事。

关于这一话题要从明朝说起。1368年，大明王朝建立，立都南京。明成祖时期确立了南、北两京制，国家的政治中心转向北京。都城建立在北京，防范蒙古人从北方草原南下，就成为保障城市安全的大事。为此，北京城内的北部、西部均驻有军队，一些地段被辟为练兵场、武器库等军事用地。明朝终结，清朝建立，满蒙之间的关系完全不一样了。早在清人入关之前，满蒙就已建立了稳定的联盟关系，清人入关进入北京，用联盟取代了明朝的敌对，北京城内防范蒙古人的驻军自然撤出，腾出大片空地，这些空地用作什么呢？

明朝的王爷们均封在外地，皇室贵族一旦授封为王，必须到北京以外的封地就藩，北京城内一般不设大型王府。到了清朝，皇室亲贵均留在北京，为了保持城内交通格局，同时满足贵族建设大型府第的占地要求，城市北部、西部与明朝驻军相关的用地，就被部分王府利用起来。固然清代北京西城、东城都有王府，但就规模、数量而言，还是西城更突出，于是清末就出现了"西城贵，东城富"的说法。西城贵，贵在王府多，那么东城富从何说起呢？元代运河从东便门进入北京，沿东皇城根流入积水潭，为了运输方便，东城修建了许多官仓，今日的地名中仍然可以见到南门仓、北门仓、海运仓、北新仓、禄米仓等名，这正是清人震钧在《天咫偶闻》中提到的"京师有谚云：'东富西贵'，盖贵人多住西城，而仓库皆在东城"。利用明朝留下的空地，大型王府幽深曲折，不仅进深多达五进、七进，同时也在横向发展，构成由中路、东路、西路组合的大型四合院建筑群。

连片的四合院之外，贵族府第还往往带有花园。坐落在北京前海西街17号的恭王府花园，原本为乾隆年间权臣和珅的宅第，和珅获罪后几易其主，咸丰初年被改赐给恭亲王奕䜣。恭亲王调集百名能工巧匠重建花园，增置山石林木，再绘五彩遍装，融江南园林、西洋建筑为一园，建成后被誉为京师王府花园之冠。

如果说恭王府花园为园中翘楚，那么位于金鱼胡同的那家花园也可归入园中精品之列。那家花园的主人为晚清重臣那桐，园子建造亦仿江南园林，东西布局，层层相套，形成大小意境各异的空间。这处园子以精巧别致获誉，晚清时期成为达官显贵相聚的场所，那时的名伶梅兰芳、杨小楼也曾屡屡在此献艺。

如今，恭王府花园还在，而那家花园早已被拆除。

细细想来，宋人欧阳修词中的"庭院深深深几许"，描述的也许不仅是深宅大院的规模，幽深之处还有着更多的繁华与衰败之变。

## 北京四合院内部布局

文化这个词有很多含义，我们这里谈到的北京四合院文化，讲的就是北京四合院的讲究。每个地方都有生活中的讲究，何况是作为八百年帝都的北京呢，这些讲究不仅表现在言谈话语间，也落在衣食住行各个环节上。家是长年居住的地方，自然少不了讲究。

说起北京四合院文化，要先从院落构成开始。进入四合院大门向里，一左一右各有一扇相同的月亮门，向右是一个不大的小院，一排间量不大的倒座房；向左，则进入主院落，若院子坐北朝南，左手处便有一溜倒座房。中国北方就着采光方便，建筑讲究坐北朝南，但四合院构成房屋四合之势，必有一处房屋坐南朝北，这就是倒座之意。若以三进四合院而论，外院狭长，穿过二门，便从外院进入了内院，内院是四方的院落，北面有正房，东西两侧分别为东厢房、西厢房，院子四周凭借廊子相互连通。三进四合院最里面的院落依然狭长，修建在那里的房屋进深不大，被称为后罩房（图66）。

一座座四合院组合成一座北京城，这些看着相似的院落，内含

图66　北京三进四合院

的讲究却是十分丰富。我们就从四合院的大门开始，一一道来。

## 北京四合院大门上的文化

北京人话语中有个词叫"门脸"，其中就包含了四合院大门的意思。门脸如同一个人的脸面，脸面既是别人识别自己的标识，又彰显着自己的个性，于是涂脂抹粉、百般打扮都在脸上，院落的大门也是如此。再来说打扮，自己的一张脸如何装扮，既可追逐时尚，也可随个人意愿，而住宅的门脸如何装饰却不能全随人意。在历史时期，有皇上的时代，谁家的大门想弄成什么样子，并不取决于自己的偏好，在很大程度上要服从朝廷的规定。朝廷根据人们的身份、地位规定了大门的形制、颜色、装饰。正是如此，沿街走来，甭管陌生还是熟悉，看看大门的样子，就能大致识别主人的身份地位。

北京城是一座拥有八百多年历史的古都，天子脚下云集的不只百姓，还有达官显贵。对于不同身份、不同阶层的人，宅门上的讲究成为四合院文化中最重要的一笔。

先从贵族的宅门说起。

清朝，宗室贵族的地位最尊贵，依照朝廷规定分为十二级爵位：和硕亲王、多罗郡王、多罗贝勒、固山贝子、奉恩镇国公、奉恩辅国公、不入八分镇国公、不入八分辅国公、镇国将军、辅国将军、奉国将军、奉恩将军。这许多的级别，在住宅的大门上自然有所体现。《大清会典》是一部经康熙、雍正、乾隆、嘉庆、光绪五朝修订的法律汇编，其中就涉及贵族府第与宅门形制的规定。

《大清会典》规定：亲王"正门广五间，启门三"，"门钉纵九横七"。这是什么意思？广五间，就是五开间。中国传统建筑将两根柱子之间的距离称为一开间，正门广五间就是由六根柱子构成五开间的大门，"启门三"就是中间三间开启为门，左右两间不走门。大门上有纵九横七，六十三颗门钉。郡王府第的大门同样"广五间，启门三"，但门钉之数是"减亲王七分之二"，只剩四十五颗。如今留下的王府不多，位于北京后海的醇亲王府保存得比较完整，尤其面街而设的五开间的大门，依然能够唤起人们对历史的追索，以及对于王府主人的种种想象。朝廷规定，贝勒、贝子等级别的贵族府地大门均为三间一启，四根柱子构成三开间的大门，只有中间一间走门。为了区别等级，"公门铁钉纵横皆七。侯以下递减至五"，爵位为"公"者，门钉四十九颗，为"侯"者，递减五颗门钉。乍一看，公爵的门钉比郡王爷还多了四颗，但彼此用材却不同，王爷府大门上的是金钉（铜制），公侯府门上的则是铁钉。贵族宅门上门钉数有如此区别，大家一定想知道，皇上住的紫禁城大门上有多少颗门钉吧，那是九九八十一颗金钉。现存贝勒府，以位于西城区柳荫街的载涛府第最完整，这处宅院早已成为北京市十三中的校舍，但游廊楼亭之间，仍然留有关于这位传奇贵族的印记（图67）。

在朝廷对贵族府第大门做的种种规定中，还有一项不能忽略，即大门的颜色，"均红青油饰"，就是说可以用朱红油漆粉饰大门。说到这里，我们想起唐朝诗人杜甫"朱门酒肉臭，路有冻死骨"诗句中的朱门，看来以朱红色油漆大门代表贵族身份，早已有之。

《大清会典》对于贵族以外的官民住宅大门，同样做出了规定，均为一间一启，即两根柱子构成的一开间大门，且"门用黑饰"。然而，这些黑漆大门真的不是大家的喜好，于是人们很快找到了

图 67　醇亲王府大门（今国家宗教事务局）

变通的办法，北京四合院大门出现了"黑漆红心"。这是说，一般人家在黑漆大门表面刷上一副红漆对联，这样做既不违背朝廷的规矩，又为黑漆大门添了一些喜庆。

按照清朝的规定，大门代表着主人的社会等级，这不仅表现在贵族的府第中，贵族以下的官民住宅，同样将身份写在了"门脸"上。北京城内，贵族以下，宅门等级最高的有广亮门、金柱门、蛮子门，这三类大门均为一开间，上方带屋顶，属于屋宇型大门。这三类门依宅门主人的身份，等级也有高低之分，其中的区别在于大门安放在哪根柱子上。北京人也将两扇门称为门扇，门扇的位置是区别的关键。

广亮门的门扇安放在门厅两根中柱间，处于正当中，将门厅一

图68 广亮门

分为二，门里、门外的空间一样大。大门的前檐柱上装有雀替、三幅云，雀替本是在梁与柱交接处起承重作用的附件，同时也成为官品的象征。那些年，这类宅院的主人多属官居高位的大员。西城区什刹海白米斜街11号曾是晚清重臣张之洞的故居，宅门就用的是广亮门。张之洞在中国近代史上赫赫有名，不但在地方充任总督、巡抚，也在朝中担任军机大臣，官居从一品，在晚清历史上占有重要一席。东四三条35号的主人为晚清时期喀尔喀蒙古土谢图汗部车郡王车林巴布的府第，也采用的是广亮门（图68）。

金柱门形制上略低于广亮大门，门扇安放在门厅前方的两根金柱间。大门外，面对街道的门洞较浅，占四分之一，而门里的门洞较深，占四分之三。与广亮门相同，以金柱门作为宅门的也都属于

259

图 69　金柱门

官宦人家。东城区赵堂子胡同3号，曾是朱启钤故居，这是一位光绪年间的举人，担任过北洋政府的官员，也是中国营造学社的创始人，宅院采用的就是金柱门（图69）。

蛮子门的门扇安装在前檐柱上，大门外面不留任何空间，门洞全部置于大门里侧。蛮子门没有雀替，也没有安装雀替的位置。这类大门，官可以用，民也可以用，形制低于广亮门与金柱门。据说，当年在北京经商的南方人偏好这类大门，由此而得名（图70）。

这些一开间屋宇型大门，彼此间本身就有着不同，若大门上再配一对条幅，"忠厚传家久，诗书继世长""生意兴隆通四海，财源茂盛达三江"，那么主人的身份、职业也可看出七八分了。

图 70 蛮子门

    如意门是北京四合院最常见的宅门，这类大门安置在前檐柱上，虽然也属于屋宇型大门，但门扇没有占满整个门洞，两侧砌有砖墙，大门显得比较狭窄。如意门上面的两只门簪，多刻有"如意"二字，由此而得名。这种宅门形式，多为一般百姓采用，形制不高。今日西城区（前宣武区）山西街甲13号是一座坐北朝南带花园的二进院落，本为一家山西商人所有，后被著名京剧演员荀慧生购得，大门即为如意门。无论商人，还是演员，或有钱，或有名，但在旧日社会均没有社会地位，自然就选择了如意门。当然，在我们能看到的宅院中，也不乏高官宅邸使用如意门。东四二条1号、3号、5号三处院子的主人为清代重臣松筠，这位出任过陕甘总督、伊犁将军、

261

**图71　如意门**

户部尚书等要职的大员，住着坐北朝南的四进院落，却采用了如意门。含蓄、内敛、低调，也许是高门低就的本意；另一种可能是家道中落，后人失去了高门大户的气派（图71）。

此外，还有随墙小门，利用墙垣造门，只有门楼，没有屋顶。虽然院落的主人依心愿打造了不同造型的门楼，但若论等级，这类院门级别仍属最低，住在院内的多数属于北京城的劳动大众。老舍的文学作品中写了很多人物，《四世同堂》中祁家祖孙四代、剃头匠孙七、棚匠刘师傅、洋车夫小崔、马寡妇和他的外孙程长顺，他们住的院子大门都应属于随墙小门（图72）。

再来说说西洋门，这是北京四合院中最具特色的大门，大门的建筑设计往往包含非中国传统建筑要素。晚清以来，伴随着西方文

图 72　随墙小门

化传入中国，率先接受西方建筑影响的往往是政府外交官员，以及与洋人做买卖的商人，他们或将西洋柱安放在自家大门处，或将门洞修成拱券式，进而形成了与传统四合院大门完全不同的风格。无论大门上的文化要素来自欧洲，还是西亚，总之均被归为西洋门（图73）。

旧日北京四合院大门的这些讲究，往往成为辨别宅院主人身份、职业的标志，作家邓友梅在题为《四合院"入门"》的散文中，就为我们描述了大门的讲究与宅院主人的关系。假如：

> 您因事初次拜访一户人家。顺着胡同由远而近走过来，迎面看见这一家宅门，左边是八字形又高又大的影壁，影壁顶上是黑色筒瓦元宝脊，影壁下面是汉白玉的须弥座。影壁四边是万字不到头的边框，往里又是砖雕梅兰竹菊花卉。影壁中心砖雕匾牌大书"戬榖"（音 jiǎn gǔ，取自《诗经》，福、禄之意）二字。往右看好大一个门楼，门楼顶上起脊，屋角却没有仙人走兽。便知道这一户不是王府贝勒。可是往下一看，房檐下却是彩画的雀替，三幅云紧挨着走马板上悬挂的匾额，黑匾金字上写的是"化被草木""勤政爱民"，便知绝不是百姓，而是位官员的府邸了。再往下看，果然乌漆大门上兽面门环，门环旁漆书门对。上联写"诗书继世"，下联对"忠厚传家"。门框两侧楹联用的是"书为至宝一生用，心作良田万世耕"，便进一步知道这是位科举出身文官。门上方两侧伸出精雕彩绘的门簪，簪上刻着吉祥如意；门下边两边石狮把门，汉白玉石阶一直铺到当街。街边

图73 西洋门

又有上马石拴马桩。大门两侧凸出的山墙腿子磨砖对缝，上下都有雕花。

这一番描述将"门第"的文化内涵说得再清楚不过了。

## 北京四合院大门的位置

北京四合院大门的那些讲究，门第只是其中之一，大门的位置也是一个重要话题。提起这个话题，要从邓友梅的另一篇文章《大门以里，二门之外》说起。

邓友梅讲到，迈进四合院大门，左右两侧各有一个月亮门，若家里来了位客，又是南方人，必然有点犹豫，向左走还是向右走？

北京贵族府第的大门都开在正中，贵族以下四合院大门基本都安置在角落。若院子坐落在路南，大门往往安放在院落的东南角；坐落在路北的人家，大门则在西北角，从大门进内院，向左曲折而入。

其实，四合院大门处于院子的角落，不只北京，整个华北地区都有这样的规矩。这是为什么呢？据说，华北地区将住宅大门安放在一个角落的做法，已经有一千多年了。古人的宅院讲究藏风聚气，大门若在正南北，气太直，不符合曲则成的原则。受这一说法的影响，燕山以南，淮河以北，包括北京、天津、河北、山西、陕西、河南、山东的四合院，都将大门放在一个角落。

燕山以北的地区，淮河以南的各地，则没有这样的讲究，大门依然安放在正中间，因此，南方人初次来到北京，踏入大门，面对两侧的月亮门往往左右为难。其实，无论宅院位于路南还是路北，向左都是没错的。

## 门墩

"小小子儿，坐门墩儿……"这是当年流行在北京的歌谣，门墩是什么？北京四合院无论大小，几乎大门前面都有门墩，门墩又叫门座、抱鼓石。看到门墩，大家似乎以为那仅仅是装饰，其实用处可大了。以往的住宅院门都是旧式大门，大门与门轴由同一块木板制作而成，门轴就是门板两端突出的部分，下端的门轴就插在门枕石上的窝儿里，而门枕石突出于门外的部分，就是门墩（图74、图75）。

图74　门墩　　　　　　图75　门墩

门墩不仅有用,也经过主人精心设计,就形状而言,主要有立柱形、抱鼓形,还有狮子形、箱形,等等。门墩上的雕刻纹样通常有人物、草木、动物,通过这些图案表达主人向往美好的心愿。

## 大门里外的影壁

说起影壁,大家首先会想到紫禁城内的九龙壁。皇家建筑拥有影壁,百姓的院子也少不了这类建筑附件。

影壁虽然属于建筑附件,但也体现着传统文化意蕴。

影壁由来已久,古代诸侯府第在大门内筑小墙作屏蔽之用,称为"内屏"。东汉时期的学者郑玄对此进一步做出说明:"礼,天子外屏,诸侯内屏,大夫以帘,士以帷。"屏,就是影壁。这句话是说,只有天子有资格在门外建造影壁,诸侯营建影壁就要推至门内,至于大夫、士只能用帘、用布帷屏蔽内外。北京城内留下的传统四合院均为明清时期的建筑,这时候规矩已经不那么严了,不仅官民都能建造影壁,且不分内外,于是影壁成了四合院里必不可少的建筑附件。

北京四合院的影壁依照位置可分为三类:大门内的影壁、大门两侧的八字影壁、大门对面的跨街影壁。

有个成语叫"祸起萧墙",什么是萧墙?大门内的影壁即称萧墙。中国人的生活内敛而含蓄,影壁置放在大门内,既是为了遮挡隐私,具有事实上与理念上的安全感,也是一种装饰。影壁通常用砖砌成,由座、身、顶三部分组成,其中影壁芯往往由方砖斜铺磨砖对缝砌成,再加上松鹤同春、莲花牡丹、松竹梅岁寒三友、福禄寿喜这类吉祥图案的砖雕，既气派，又舒心。

当然，每户人家都有自己的经济账，大家的财力不一样，大门内的影壁自然也不同，一般可分为两类：一类直接在正对大门的东厢房山墙上做些装饰，权作影壁；另一类为独立建造。显然，前一类人家院子不宽绰，财力也不足，后一类属于住着宽大院子、不差钱的人家。

八字影壁位于大门的东西两侧，与大门成120度或135度夹角，从平面上看呈八字形。由于这种大门外的影壁需要占用空间，为此大门要向院内退几米，门前自然开阔起来，在八字影壁的衬托下，宅门显得气派、豁亮，既提升了住宅的气势，也扩展了大门的视觉空间，因此修建这样影壁的多是官宦人家（图76）。

大门对面的跨街影壁，正对着大门，在胡同的另一侧，这就是

图76 大门外的八字影壁

古人所说的"外屏"。尽管明清时期已经不再坚持"天子外屏"的讲究了，但能够拥有这类影壁的多为贵族或朝中重臣。跨街影壁不仅代表着宅院主人的身份、地位，也拥有实际价值，正对着宅门的影壁，不仅能遮住对面人家新旧不等的屋瓦，也挡住了官运、财运外流。

## 外院的房屋与用途

走进位于四合院一角的大门，跨入左侧的月亮门，便进入了主院落。

第一进院落，北京人称为外院。

外院是狭长的，只有一溜坐南朝北的倒座房，北方人住房讲究采光，倒座房的方向严重影响了屋内光线。若这家人住房宽敞，倒座房即南屋，往往成为接待生客的客厅。

阜成门西三条21号曾为鲁迅故居，外院那两间南屋同样也作客厅用。当年曹靖华、孙伏园，台静农，这些在现代文学史上留有名声的文学家都是南屋的常客。

## 界定内外的二门

北京四合院的二门又称垂花门（图77、图78），这道门既是外院、内院的界限，也是整个院落中最抢眼的建筑。

二门开在内外院之间的隔墙上，位于院落的中轴线处。

二门的抢眼既表现在色彩上，也离不开造型各异的垂花柱。以

图 77 垂花门

图 78 垂花门

往，朝廷对于公侯以下官民的大门颜色，做出一律黑色油漆粉刷的严格规定，但没有规定二门的用色，于是，二门往往被装饰得五彩斑斓。二门的垂花柱也是一种装饰，悬在中柱的横木上，称为垂柱，垂柱下端有一垂珠，通常为花瓣、串珠、花萼云或石榴头等造型，因此被称为垂花门。在一片青砖、灰瓦的院落中，二门的装饰格外别致，既显富丽，又不失变化。

二门不仅界分内外，还充作内外院之间的屏蔽。正是因为这一功能，二门由内外两道门组成，两道门自然有两道门脊，外门往往为清水脊，内门为卷棚脊，通称"一殿一卷"式，从侧面看，很像英文字母 M。

内外两道门，外门白天开启，夜间关闭；内门是屏门，平时关着，起着屏蔽内院的作用。就是说，坐在外院南屋的生客，若想打量主人的日常生活场景，那是不可能的。平日里，人们出入二门，不走屏门，而是走两边的侧门，通过抄手游廊到达内宅。这道屏门只有贵客光临，或婚丧嫁娶时才会开放，图的是喜气请进来，丧气走出去。

往日大户人家的女眷，讲究"大门不出，二门不迈"，就是说二门以里的内宅才是她们的活动空间。

## 内院与内院各屋

二门以里，就是内院，这是主人的生活空间，也是整套住宅的主院落。

北京四合院的内院青砖铺地，四四方方，院子的长与宽比例基本为1:1，近似正方形。与北京不同的是山西四合院，院落长宽比例为2:1；陕西关中四合院院落长宽比例为3:1，都属于长方形院落。明朝永乐年间，为了充实北京附近人口，朝廷从其他省迁移了不少民户至北京，至今在京郊一带，仍能看到具有山西风格的四合院，应该与当年的山西移民有关。

当年的北京人口不多，大家都住在四合院里不说，每个院落都是一家人或是一院人的共享空间，夏天藤萝架下摇着蒲扇乘凉，春秋赏花、散步、逗鸟，冬天在雪地上堆个雪人，温馨、舒畅。

院内正中的房屋为正房，两侧分别为东、西厢房。不同方向的房屋，建筑规格与使用方式也不一样。正房坐北朝南，是一院中采光最好的，不仅建筑规格高，在一院中的地位也最高。无论贵族还是寻常百姓的院落，正房都有着不寻常的意义，正是如此，《大清会典》也对贵族住宅的正殿，即银安殿的规格做出了规定：亲王府，正殿七间，基高四尺五寸，可覆绿琉璃瓦。郡王府，正殿五间，基高三尺五寸，亦可覆绿琉璃瓦。贝勒府，堂屋广五间，基高二尺，可覆筒瓦。

今天北京四合院建筑固然没有消失，但当年的居住环境已经很难见到了，还好文学作品为我们留下了记载。我们就看看《红楼梦》中如何描述大宅门内院的景致吧。黛玉的轿子由"众婆子步下围随，至一垂花门前落下。众小厮退出，众婆子上来打起轿帘，扶黛玉下轿。林黛玉扶着婆子的手，进了垂花门，两边是抄手游廊，当中是穿堂，当地放着一个紫檀架子大理石的大插屏。转过插屏，小小的三间厅，厅后就是后面的正房大院。正面五间上房，皆雕梁画栋，两边穿山游廊厢房，挂着各色鹦鹉，画眉等鸟雀。台矶之上，坐着几个穿红着绿的丫头，一见他们来了，便忙都笑迎上来，说：'刚才老太太还念呢，可巧就来了。'于是三四人争着打起帘笼，一面听得人回话：'林姑娘到了。'黛玉方进入房时，只见两个人搀着一位鬓发如银的老母迎上来，黛玉便知是他外祖母"。当然，像荣国府这样的贵族，不止一重院落，也不止一路院落，因此正房也不止一处。贾母所住之处只是日常起居之地，而黛玉进府之后，另一处院落是什么呢？"一时黛玉进了荣府，下了车。众嬷嬷引着，便往东转弯，穿过一个东西的穿堂，向南大厅之后，仪门内大院落，上面五间大正房，两边厢房鹿顶耳房钻山，四通八达，轩昂壮丽，比贾母处不同。黛玉便知这方是正经正内室，一条大甬路，直接出大门的。"看得出来。这处院落处于中路，而正对大门的正房，间量最大，一般不住人，只做礼仪场所，相当于王府中的银安殿。

正殿在贵族宅院中最尊贵，正房在普通人家也不寻常。北京普通人家的四合院，固然没有贵族府第这番气派，但正房的间量与进深同样高于东西厢房，根据四合院的规模，正房一般为三间，两侧各带耳房一间。受儒家文化的影响，尊卑有别，长幼有序，有资格住在正房的也是家中的长辈。东、西厢房是晚辈居住的地方，长子住东厢，次子住西厢。厢房也是一明两暗，正中一间为起居室，两侧为卧室。梁实秋在《疲马恋旧秣，羁禽思故栖》一文中曾提到："进了垂花门便是内院……内院上房三间，左右各有套间两间，祖父在的时候，他坐在炕上，隔着玻璃窗子外望，我们在院里跑都不敢跑……父母带着我们孩子往西厢房……我生在西厢房，长在西厢房，回忆儿时生活大半在西厢房的那个大炕上。"

梁实秋长在西厢房，那东厢房呢？固然东厢房似乎比西厢房要尊贵一点，但在北方大地上，冬天迎着西北风，一屋子沙土；夏天过午阳光直射东屋，那叫热。于是，民间留下了一句老话"有钱莫住东厢房，冬不暖、夏不凉"。以往，若家里住房宽敞，厨房会选在院落的东面，当年老百姓供奉的诸神之一灶王爷，职守就在厨房，其神位图上明确注有"东厨司命"。

三进院落属于标准四合院，坐落在最后一重院落的是后罩房或后罩楼，未出嫁的女儿往往住在那里。很多明清小说，但凡讲到向往自由的女孩儿的故事，往往会提到后罩楼。

## 北京四合院的花草

青砖、灰瓦成为四合院建筑的本色，而花草则为院落植入一片绿意。张恨水说过："在五月里，你如登景山之巅，对北平城做个鸟瞰，你就看到北平市房舍全参差在绿海里。"这绿海说的既是种植在街道两侧的树木，也包括每个院落中的花草。

如同四合院每处建筑都有着讲究一样，庭院中的花草同样不可随意。按照早年的讲究，院内除通向各房的十字形砖路外，其余土地都用来植树、栽花、种草。十字形甬路的中心常放一只荷花缸或鱼缸，正房前的绿地上，最不能少的是藤萝架或葡萄架，夏日里满架紫色的花朵，带着香，带着彩，铺下一片荫凉。院子里通常种植的树木有丁香、海棠、槐树、榆树、石榴、玉兰等，牡丹、大丽花、芍药、玉簪棒、美人蕉则是种植最多的花草。石榴子多，象征着多子多福，而玉兰、海棠、牡丹、大丽花的组合

图 79　藤萝花

则寓意"玉堂富丽"。生活中，大家都有自己的心愿，花草植物的选择同样透着主人的一番心思（图 79、图 80、图 81）。

青砖、灰瓦、绿庭，无论坐在北屋，还是东、西厢房，透过窗子望去，庭院中生机勃勃。

北京的四合院文化是从那些讲究里来的，盛行那些讲究的时代早已过去，留给我们的不仅是镶砌在老宅子中的砖瓦，还有对历史的回味。

图 80　石榴花 　　　　　　　图 81　玉簪棒

# 后记

《大地中国》收入二十六篇历史地理专题。很多年前就有朋友劝我，能否将历史地理有关研究推向社会，让更多人了解我们研究的问题，了解地理自身的魅力与历史作用。但平日忙于手头的研究，几乎无暇写轻松一点的东西。今年疫情，北京大学前后一个多月无法进入校园，放在办公室的各类书籍以及存在电脑中的资料无法带到家中，这一个多月自然不能荒废，于是《大地中国》就在原有几篇文章的基础上完成了。

《大地中国》文中插图得到许多朋友的帮助，非常感谢广东工业大学谭竹钧教授，绘制了文中所有的插图；感谢北京大学毕业的研究生李晶、张丹、谭世鑫，还有梁天成，文中的地图都是由他们绘制的，有了这些图，所有的文字才有了地理的样子。

感谢新经典文化的年轻编辑们，正是她们的努力，才使《大地中国》走向读者。我也希望，以后的日子，在《大地中国》之后，还会继续有之二、之三。

2022 年 6 月，于蓝旗营家中